AF282670

FSC
www.fsc.org

MIX

Papier aus ver-
antwortungsvollen
Quellen
Paper from
responsible sources

FSC® C105338

Wolfgang Schnepper

Alle Nationaltorhüter der deutschen Fußballgeschichte

Entwicklung der Vergütung im Amateur- und Profi-Fußball

von 1908 bis 2024

Und die besten Fußballwitze

Wolfgang Schnepper, Jahrgang 1964, Diplomsportlehrer,
Ex-Bezirksligaspieler im Fußball,
Sportwissenschaftler mit Schwerpunkt Fußball
1988-89 in der deutschen Triathlonspitze,
1990 Bayerischer Meister im Body-Building,
1998 Konditionstrainer im bezahlten Fußball,
Fußballabitur mit der Note "sehr gut",
2003 - 2006 Sportlehrer an einer Gesamtschule
Autor mit fast 50 geschriebenen Büchern über Kurzgeschich-
ten, Erzählungen und über Fußballtraining, Fußballroman,
Fußballgeschichte, Sportpsychologie, Fitness und vieles mehr

©2025 Wolfgang Schnepper
Satz und Layout: Wolfgang Schnepper
Coverbild: Manfred Claßen
Verlag: BoD · Books on Demand GmbH, In de Tarpen 42,
22848 Norderstedt, bod@bod.de
Druck: Libri Plureos GmbH, Friedensallee 273,
22763 Hamburg

ISBN: 978-3-7583-0539-9

Literaturverzeichnis

Vorwort

In diesem Buch werden alle Torhüter beschrieben, die seit
dem Beginn von 1908 im Tor der deutschen Nationalmannschaft standen. Die Torwarte bekommen in der Regel nicht
die gleiche Beachtung wie die Feldspieler, besonders die der
Stürmer, geschenkt. Deswegen habe ich dieses Buch ge-
schrieben. Längst vergessene Torhüter werden hier wieder in
Erinnerung gerufen, wie auch die Keeper der jüngeren Ver-
gangenheit bis in die Gegenwart. Aufgrund der hohen Anzahl
der Torwarte von 1908 bis 2024 werden die Beschreibungen
relativ kurz gehalten.
Weiterhin wird die Entwicklung der Vergütung im Amateur-
und Profi-Fußball genauestens aufgeführt. Hierbei wird klar,
wie lange es dauerte bis sich aktives Fußballspielen auch finanziell lohnen konnte.
Dieses hochinteressante Buch wird zur weiteren Unterhal-
tung auch immer wieder von den lustigsten Fußballwitzen
begleitet.

# Fritz Baumgarten

Fritz Baumgarten wurde 21. Dezember 1886 in Berlin geboren und verstarb am 17. Mai 1961.

Von Juli 1906 bis Juni 1914 spielte er als Keeper für den BFC Germania 1888. In der Berliner Meisterschaft 1907/08 schaffte er mit Germania 1888 lediglich den fünften Rang. Im Berliner Pokal unterlagen sie im Halbfinale sogar mit 2:7 Toren dem Berliner Meister und späteren Deutschen Meister BTuFC Viktoria 89 Berlin. Beim ersten Länderspiel der deutschen Fußballnationalmannschaft am 5. April 1908 in Basel gegen die Schweiz hütete Baumgarten das Tor für Deutschland. Der angehende Abiturient Fritz Baumgarten schwänzte für die Reise in die Schweiz die Schule. Hier sieht man noch die geringe gesellschaftliche Bedeutung des Fußballsports.

Das Spiel ging jedoch mit 3:5 verloren. Die ersten Nationalspieler erhielten neben den Bahnfahrkarten zwanzig Mark Vergütung. Das reichte gerade für drei Tage Unterkunft und Verpflegung.

Für Baumgarten war es der einzige Einsatz in der Nationalmannschaft. Nach dem Abitur studierte er Medizin und wurde schließlich Arzt.

20 Mark war also die Vergütung für Fritz Baumgarten für den einmaligen Einsatz in der deutschen Nationalmannschaft.
Schauen wir uns doch mal auf den nächsten Seiten an, wie viel Geld man inzwischen im Amateurfußball und Profi-Bereich verdient.

Vergütung im Fußball

Es gibt nur wenige Sportarten, in denen die besten Sportler und Trainer mehr verdienen als im Fußball. Hierzu gehören zum Beispiel Basketball, Golf oder der Formel 1 Sport.
Allerdings gibt es wohl kaum eine zweite Sportart, in der so viele Aktive mehr oder weniger viel Geld verdienen. Selbst in der vierten Liga in Deutschland kann man getrost von Profis sprechen.

In der ersten Bundesliga haben die Gehälter inzwischen astronomische Höhen erreicht (gleich mehr dazu), aber um so mehr und härter wird genau um diese "Arbeitsplätze" ge-kämpft. Oftmals spielt ein Fußballer nur eine Saison für einen Verein aus der ersten Liga oder sitzt sogar nur ein Jahr auf der Reservebank, und verschwindet dann für alle Zeit in die 4. oder 5. Liga.

Diese Spieler haben mit Sicherheit finanziell nicht ausgesorgt. Natürlich braucht man mit diesen Menschen kein Mitleid zu haben, arbeiten doch etwa 10 Millionen Menschen in Deutschland unter 12 Euro pro Stunde und fast 6 Millionen Menschen leben vom Bürgergeld (Stand Januar 2024 / welches allerdings zu diesem Zeitpunkt relativ üppig ausfällt), aber der tiefe sportliche Fall hinterlasst oft psychische Störungen. Ein gewisses Mitgefühl für diese Fußballer kann man schon bekommen. Aus der Traum von Erfolg, Ruhm und Geld. Der ernüchternde Alltag mit "normaler" Arbeit kehrt urplötzlich zurück, der geliebte Sport bringt nur noch ein Taschengeld.

Während meines Sportstudiums von 1984 bis 1988 lernte ich einen hervorragenden Fußballer kennen, der für ein Jahr Vertragsamateur bei einem Verein aus der ersten Liga war.

Vergütung im Fußball

Hierfür bekam er 50.000 DM, wurde aber kein einziges Spiel aufgestellt. Der betreffende Verein hatte ihn mit großen Versprechungen gelockt, aber nach dem Jahr durfte er wieder gehen. Dieser Fußballer spielte danach nie höher als dritte Liga. Nebenher musste er selbstverständlich einem anderen Beruf nachgehen, da man in den 80er Jahren in der Regel in der 3. Liga nicht viel verdiente.

Dies ist nur eine mündliche Überlieferung des betreffenden Spielers. Er erzählte häufig von dieser Geschichte. Man konnte leicht erkennen, wie sehr er unter diesem Scheitern litt.

Ein weiterer realistischer Fall wird in meinem Buch "Fußballer Wamba" geschildert, der von einem Fußballer erzählt, der jederzeit in der Bundesliga hätte spielen können. Er spielte nie höher als 6. Liga. Bemerkenswert ist aber, dass er bis zu 2000 Euro pro Monat dadurch verdiente. Eine solche Einnahme eines Spielers in dieser Amateurklasse ist natürlich eine absolute Seltenheit.

Ich lernte aber noch einen weiteren Fußballer kennen. Dieser hatte einen Profivertrag mit einem Verein aus der ersten Bundesliga, bestritt aber kein einziges Spiel. Dafür bekam er immerhin so viel Geld, dass er sich davon ein Einfamilienhaus kaufte.

Doch nun kommen wir zu den aktuellen Gehältern im gesamten Fußballsport. Diese sind in den letzten 40 Jahren immer weiter und schneller angestiegen.

# Vergütung im Fußball

Die Gehälter im deutschen Profifußball wachsen mit jedem Jahr immer weiter an. Die Gehaltsangaben, die gleich folgen, sind aber nur geschätzte Zahlen, die aber mit Sicherheit der Realität sehr nah kommen.

Bei den Bundesligisten sieht man nicht nur in Bezug auf die Leistung große Unterschiede, sondern auch bei den Gehältern. Ganz oben liegt natürlich der FC Bayern mit großem Abstand. Die Spieler des Rekordmeisters bekommen insgesamt zum Beispiel zwölfmal so viel wie der Kader des SC Freiburg.

Hohe Gehaltsausgaben bedeuten aber nicht immer höheren sportlichen Erfolg. Im normalen Berufsleben bedeuten höhere Gehälter ja auch nicht immer mehr Leistung. Mit dem Hamburger SV und dem 1. FC Köln sind z.B. in der Saison 2017 / 18 zwei Vereine abgestiegen, die sich in der Gehaltstabelle im Mittelfeld befanden. Freiburg hielt sogar erneut die Liga.

Hier wird auch deutlich, warum der Konkurrenzkampf in der 1. Liga so extrem ist. Schon in der 2. Liga sind die Gehälter wesentlich geringer (gleich mehr dazu). Und warum viele Spieler gern zum FC Bayern oder ins Ausland wechseln würden. Die Begründung lautet dann immer "Ich suche eine sportliche Veränderung". Hierzu kann sich jeder seinen Teil ändern.

# Vergütung im Fußball

Durchschnittsgehälter der Bundesligisten in der Saison 2017/2018 nach Onlineportal Sporting

Verein	Durchschnittsgehalt
FC Bayern München	5,68 Mio. Euro
Borussia Dortmund	3,00 Mio. Euro
VfL Wolfsburg	1,95 Mio. Euro
FC Schalke 04	1,81 Mio. Euro
Bayer Leverkusen	1,66 Mio. Euro
RB Leipzig	1,39 Mio. Euro
TSG 1899 Hoffenheim	1,23 Mio. Euro
Borussia Mönchengladbach	1,18 Mio. Euro
Hamburger SV	1,11 Mio. Euro
Hertha BSC	1,10 Mio. Euro
1. FC Köln	1,09 Mio. Euro
Eintracht Frankfurt	0,70 Mio. Euro
Werder Bremen	0,68 Mio. Euro
1. FSV Mainz 05	0,62 Mio. Euro
VfB Stuttgart	0,59 Mio. Euro
FC Augsburg	0,57 Mio. Euro
Hannover 96	0,49 Mio. Euro
SC Freiburg	0,49 Mio. Euro

 # Vergütung im Fußball

Die Topverdieber in der Saison 2017 / 18 waren Robert Lewandowski, Manuel Neuer und Thomas Müller mit jeweils 15 Millionen Euro im Jahr. Insgesamt soll Müller aber die höchsten Gesamteinnahmen in der Bundesliga haben. Inklusive Prämien und privaten Ausrüster- und Sponsoringverträgen usw. kommt er wohl auf 24 Millionen Euro pro Jahr.

Hier sieht man die extremen Unterschiede der Gehälter in der 1. Bundesliga.

Persönlicher Kommentar: Die hohen Gehälter sind in Bezug auf die Realeinkommen der normalen Berufstätigen nicht gerechtfertigt. Auch die großen Unterschiede noch einmal in der 1. Bundesliga sind meiner Meinung nach auch ungerecht. Aber wenn die Vereine das Geld haben, und auch bezahlen, ist es vollkommen legitim in der freien Marktwirtschaft.

# Vergütung im Fußball

Gehälter von der 2. Bundesliga bis zur Oberliga

Ein Zweitligagehalt liegt bei etwa 90.000 bis 250.000 Euro pro Jahr, und unterscheidet sich damit deutlich von den Gehältern in der ersten Bundesliga.

Hier erkennen wir, welche finanziellen Folgen ein Abstieg von der ersten in die zweite Liga hat. Oder warum ein Aufstieg in die erste Bundesliga auch ein vielfaches des Gehaltes bedeutet. Bei einem Abstieg ist daher die sportliche Verschlechterung für viele Spieler nur Nebensache.

Aber da gibt es noch ein Problem ganz anderer Art. Bei einem Aufstieg müssen die Spieler auch damit rechnen, dass sie gar nicht mehr in den Kader aufgenommen und durch bessere Spieler ersetzt werden. Bei einem Abstieg versuchen die Spieler oft einen Vereinswechsel, damit sie in der ersten Bundesliga bleiben können. Insgesamt müssen wir hier aber festhalten, dass die Gehälter für zweitklassige Spieler immer noch sehr hoch sind. In anderen Sportarten verdienen die Athleten in der 2. Liga wenig oder sogar gar kein Geld.

Ein Drittligagehalt beläuft sich auf 40.000 bis 120.000 Euro, und ist damit für drittklassige Spieler extrem hoch, aber längst nicht so übertrieben wie in der 1. Bundesliga.

In der Regionalliga kommt ein Spieler auf 20.000 bis 80.000 Euro Jahresgehalt. Dies ist eine Schätzung vieler Experten mit der ich konform gehe. Sagen wir mal vorsichtig formuliert, eine inoffizielle Teilauszahlung ist in dieser Liga nicht auszuschließen. Offiziell ist die 4. Liga allerdings keine Profi-Liga. Wenn allerdings ein Regionallliga-Spieler behaupte, er

Vergütung im Fußball

bekomme nur 200 Euro pro Monat, zweifel ich das stark an.

Die Oberliga ist eigentlich die undankbarste Liga, die es in
Deutschland gibt. Sie ist inoffiziell die höchste Amateurliga,
und nur einen Aufstieg vom "richtigen Geld" entfernt. Ge-
schätzt liegt hier das Jahresgehalt (wenn man es so nennen
will) bei 5000 bis 12.000 Euro. Deswegen versucht ein Regio-
nalliga-Spieler mit allen Mittteln, in seiner Klasse zu bleiben,
oder noch hochklassiger zu spielen.
Die Vergütung in der Oberliga ist vollkommen gerecht. Die
Jungens hier können allle Fußball spielen, trainieren viermal
pro Woche und opfern auch noch einen Teil ihres Wochen-
endes. Doch rechnen wir einmal den Stundenlohn mit An-
und Abfahrt. Wir kommen auf etwa 50 Stunden monatlicher
Arbeitszeit. Dies entspricht lediglich einen Stundenlohn von
10 bis 20 Euro.

In der Landesliga und Verbandsliga (also 6. Liga meine ich mit
Verbandsliga) kommt man auf eine Vergütung von etwa
3000 bis 5000 Euro, die ich ebenfalls als angemessen emp-
finde.

In der Kreisliga und Bezirksliga liegt die Vergütung bei etwa 0
bis 3000 Euro Pro Jahr, geht wohl auch in Ordnung.

Paul Eichelmann

Eichelmann schloss sich als 20-Jähriger dem im Jahr 1888 gegründeten BFC Germania an und kam hier als Torwart zum Einsatz.

Da sein Verein als Siebtplatzierter von acht Vereinen in die zweite Klasse absteigen musste, ging er zum BTuFC Union 1892 und holte hier mit seiner neuen Mannschaft direkt die Meisterschaft.

Mit der Berliner Meisterschaft 1905 war er mit seiner Mannschaft für die Endrunde um die Deutsche Meisterschaft qualifiziert. Sein einziges Endrundenspiel bestritt er am 14. Mai 1905 in Magdeburg, welches sie mit 4:1 gegen den FuCC Eintracht 1895 Braunschweig gewannen. Damit verhalf er zur Deutschen Meisterschaft, die sein Verein am 11. Juni 1905 im Kölner Stadion Weidenpescher Park mit dem 2:0-Sieg über den Karlsruher FV holte.

1907 war der BTuFC Union 1892 nicht mehr die beste Berliner Mannschaft, weil Viktoria 89 Berlin ab da wesentlich besser spielte.

Am 23. November 1899 kam Eichelmann in Berlin zu seinem ersten Länderspiel kam. Beim ersten von fünf Länderspielen gegen englische Auswahlmannschaft kassierte er 13 Tore (Endresultat 2:13).

1901 luden die Engländer die deutschen Mannschaft zu einem Gegenbesuch ein. Die Deutschen verloren mit 0:12 und 0:10 deutlich. Eichelmann wurde von den englischen Fans wegen seiner lustigen Art geehrt und brachte als Andenken einen von den englischen Profis unterschriebenen Fußball mit zurück nach Deutschland.

Am 20. April 1908 verlor er mit der A-Nationalmannschaft in Berlin gegen England mit 1:5, am 7.6.1908 verloren sie 2:3 gegen Österreich.

Werner / Illmer

Adolf Friedrich August Werner wurde am 19. Oktober 1886 in Kiel geboren und verstarb am 6. September 1975. Von 1909 bis 1912 bestritt er 13 Länderspiele für die A-Nationalmannschaft im Tor.

Hans Eberhardt Illmer wurde am 30. Januar 1888 in Straßburg geboren und vertarb am 26. Dezember 1955.
Am 4. April 1909 kam der Torhüter Illmer in Karlsruhe zu seinem einzigen Länderspiel in der A-Nationalmannschaft. Er blieb als erster deutscher Torhüter ohne Gegentor, da die Auswahl der Schweiz durch das Tor von Eugen Kipp in der 25. Minute mit 1:0 bezwungen wurde, außerdem war er der erste deutsche Keeper, der mit der Nationalmannschaft einen Sieg errungen hatte.

 # Vergütung englischer Profis um 1900

Die ersten englischen Fußballprofis verdienten in der Regel nicht viel Geld, allerdings wesentlich mehr als deutsche Fußballer zu dieser Zeit (hier gab es noch keine Profis). Fußball war damals ein Amateur-Sport und die Spieler spielten aus Leidenschaft und nicht für das Geld. Es gab jedoch einige Ausnahmen, wie z.B. Billy Meredith, der 1894 von Chirk zu Manchester City wechselte und ein Gehalt von 4 Pfund pro Woche bekam. Das entspricht heute etwa 600 Euro pro Woche. Wir dürfen hierbei nicht vergessen, dass England das Mutterland des Fußballs ist und die englischen Fußballer um 1900 die besten Spieler der Welt waren.

# Riso / Schmidt / Faas / Borck

Hans Riso wurde am 16. März 1889 in Leipzig geboren und verstarb 1950. Sein einziges Länderspiel als Torwart für die A-Nationalmannschaft bestritt er am 3. April 1910 in Basel beim 3:2-Sieg über die Schweizer Nationalmannschaft.

Christian Schmidt bestritt drei Länderspiele für Deutschland. Er wurde am 9. Juni 1888 in Berlin geboren und verstarb schon am 19. März 1917. Er fiel im Ersten Weltkrieg an der Front.

Robert Faas (geboren am 3. April 1889 in Pforzheim, verstorben am 9. Januar 1966 in Heidelberg), war auch ein Nationaltorhüter. Er spielte nur einmal für die deutsche Nationalmannschaft. Das Spiel ging 0:3 gegen Belgien verloren.

Walter Borck (1. Mai 1891 in Hamburg-Eimsbüttel geboren und am 25. Dezember 1948 in Hamburg-Winterhude verstorben) spielte ebenfalls nur einmal als Keeper für Deutschland.

Witzeecke

"Haben Sie vielleicht eine Minute Zeit?" fragt ein Zuschauer den Schiri nach Spielabpfiff.
Dieser nickt zustimmend.
"Dann erzählen sie mir mal alles was Sie über Fußball und seine Regeln kennen!"

Was ist der mit Abstand brutalste Sport der Welt?
Fußball. Da wird umgesäbelt, geköpft und geschossen!

Wie hoch ist der Marktwert der holländischen Fußballnationalmannschaft?
Genau 88 Cent, nämlich 11mal Flaschenpfand.

Der Sportarzt zum Thema Doping im Fußball: "Doping im Fußball ergibt überhaupt keinen Sinn. Das Mittel muss in die Spieler injiziert werden.

Eine Fußballmannschaft fliegt nach Australien. Den Spielern wird langweilig, und sie spielen schließlich Fußball im Flugzeug . Der Pilot kann die Maschine kaum noch halten und schickt den Co-Piloten zu den Fluggästen nach hinten. Nach nur einer Minute ist Ruhe.
"Wie hast Du denn angestellt?", fragt der Pilot.
"Nun ja", meint der Co-Pilot "Ich habe gesagt: Männer, es ist schönes Wetter draußen, spielt doch vor der Tür!"

Albert Weber

Der Nationaltorhüter Albert Weber wurde am 21. November 1888 in Berlin geboren und verstarb bereits am 17. September 1940.

Weber spielte von 1907 bis 1930 für Vorwärts 90 Berlin. Seinen Einstieg in der A-Nationalmannschaft gab er am 5. Mai 1912 in St. Gallen beim 2:1-Sieg gegen die Schweiz. Sein zweites Länderspiel bestritt er beim olympischen Fußballturnier 1912 in Stockholm. Im ersten Spiel gegen die Auswahl Österreichs, erlebte er den schlimmsten Moment seiner Sportlerlaufbahn. Nach einem Zusammenstoß mit Pfosten und Gegenspieler kassierte er innerhalb kürzester Zeit zwei Treffer, und etwas später, nach einem Hitzschlag, wurde er bewusstlos vom Fußballplatz getragen. Da das Auswechseln von Spielern bei offiziellen Spielen erst 1970 erlaubt wurde, musste mit Willy Worpitzky ein Feldspieler in den Kasten und die deutsche Mannschaft das Match mit 10 Spielern beenden. Am Ende wurde aus der deutschen 1:0-Führung eine bittere 1:5-Niederlage.

Weber sollte erst am 6. Oktober desselben Jahres zu seinem nächsten und zugleich letzten Länderspiel kommen, das in Kopenhagen mit 1:3 gegen die Auswahl Dänemarks verloren wurde.

 # Hofmeister / Schneider

Ludwig Hofmeister (5. Dezember 1887 in Sünching geboren und am 26. September 1959 in München verstorben) war u.a. Torwart des FC Bayern München. Er bestritt sein erstes Länderspiel am 17. November 1912 in Leipzig, welches mit 2:3 gegen die Auswahl der Niederlande verloren wurde.
Sein zweites und letztes Länderspiel hatte er allerdings als Spieler der Stuttgarter Kickers am 5. Dezember 1914 in Amsterdam beim 4:4-Unentschieden erneut gegen die Niederlande.
Johannes Schneider (geboren am 5. August 1887 in Leipzig und gefallen am 8. September 1914 bei Vitry-le-François, Frankreich), bestritt zwei Länderspiele für die A-Nationalmannschaft.
Seinen Einstieg gab er am 26. Oktober bei strömendem Regen in Hamburg bei der 1:4-Niederlage gegen die Nationalmannschaft Dänemarks. Zwei Gegentore mehr musste er am 23. November, erneut bei ständigem Regen, in Antwerpen bei der 2:6-Niederlage gegen die Nationalmannschaft Belgiens einstecken. Zu vermuten bleibt, das bei ihm als Brillenträger durch den starken Regen eine Beeinträchtigung seines Sehvermögens eingetreten ist.

Heinrich Stuhlfauth

Heinrich Stuhlfauth, fast keiner wird ihn mehr kennen, Nürnbergs legendärer Torwart

"Gott selbst stand im Tor!", schrieb in völliger Faszination eine italienische Zeitung 1929 über Heinrich "Heiner" Stuhlfauth. Mit grandiosen Paraden hatte der Torhüter der deutschen Nationalmannschaft die italienischen Stürmer in den Wahnsinn getrieben und den 2:1-Sieg für die Deutschen eingefahren. Einer der vielen Höhepunkte in der Karriere von Stuhlfauth, der in den 1920er-Jahren neben dem Spanier Ricardo Zamora der beste Torhüter der Welt war.

Zwischen 1916 und 1933 stand Heinrich Stuhlfauth in 606 Partien für den 1. FC Nürnberg im Kasten, immer mit der charakteristischen Schiebermütze und seinem grauen Torwartpulli. Fünfmal wurde er zwischen 1920 und 1927 mit Nürnberg Deutscher Meister, 21-mal spielte er für die deutsche Nationalmannschaft.

Als ehemaliger Stürmer war Stuhlfauth immer ein mitspielender Torwart. Er legte viel Wert aufs Stellungsspiel, konnte oft Spielzüge und Pässe des Gegners vorhersehen und lief oft weit aus dem Tor, um gefährliche Situationen zu bereinigen. Mit dieser Spielweise war er schon damals ein moderner Torwart, allerdings wohl nicht mit seinem Motto "Ein guter Torwart wirft sich nicht!"

Stuhlfauth wurde am 11. Januar 1896 in Nürnberg geboren und verstarb am 12. September 1966 in Nürnberg.

Theodor Robert Lohmann

Theodor Robert Lohrmann wurde am 7. September 1898 in Heidelberg geboren und verstarb am 4. September 1971. Lohrmann war einer der ersten deutschen Fußballprofis. Theodor „Teddy" Lohrmann startete seine Karriere beim SV Waldhof Mannheim, wo er bis 1920 als Keeper spielte.

Da der 1. FC Nürnberg mit Heiner Stuhlfauth den bis da besten Torwart Deutschlands in seinem Team hatte, verpflichtete die SpVgg Fürth mit Theodor Lohrmann kurzerhand den zweitbesten Torwart dieser Zeit. Am 19. August 1920 kam Lohrmann im Freundschaftsspiel gegen Guts Muts Dresden hier zu seinem ersten Einsatz.

Im selbigen Jahr kam Lohrmann gegen Ungarn am 24. Oktober 1920 in Berlin auch zu seinem ersten Einsatz für die deutsche Fußballnationalmannschaft. Obwohl er mit Stuhlfauth inzwischen mithalten konnte, spielte er nur dreimal für Deutschland.

Lohrmann war nicht nur ein guter Fußballer, er war auch sehr vielseitig. Er spielte auch Rugby, Tennis, Handball- und Wasserball mit weit überdurchschnittlichen Leistungen. Er holte unter anderem einen Allroundrekord, als er an einem Tag in allen vier Sportarten ein Wettspiel bestritt. Im Wasserball gewann er auch noch die Österreichische Meisterschaft.

Auf fußballerischem Gebiet beeindruckte der groß gewachsene Blondschopf vor allem durch seine weiten Abschläge, seine Risikobereitschaft und durch die außergewöhnliche Fangsicherheit und Strafraumbeherrschung.

 Vergütung im Profifußball u.a. um 1920

Ja, auch um 1920 gab es die ersten Fußballprofis und auch die Profi-Liga. Allerdings ist das mit den heutigen Profivereinen nicht vergleichbar. Fast alle Profis waren Halbprofis und gingen noch einer regulären Tätigkeit nach. Die Verdienste der Profispieler erreichten noch nicht einmal das Niveau der heutigen Regionalliga. Auf die jetzigen deutschen Bedingungen des Fußballprofis bezogen, würden wir diese Spieler um 1920 nicht mehr als Profis bezeichnen.

Für die damalige Zeit bedeutete diese zusätzliche Einnahme aber einen Aufstieg in die finanzielle Oberschicht (unterer Bereich), so dass wir getrost von Profi-Sportlern sprechen können.

Auch heute noch gibt es in Brasilien Fußballprofis, die im Monat ein paar hundert Euro verdienen (mittlerer Amateurbereich). Diese Spieler gehen keiner weiteren Tätigkeit nach, auch weil sie keinen zusätzlichen Job finden, leben sehr bescheiden und ohne Krankenversicherung. Die jüngeren Spieler davon träumen von der großen Fußballkarriere, nur die wenigsten schaffen es. Und auch heute noch kann man diese Spieler als Profis bezeichnen. Wir müssen das an die brasilianischen Verhältnisse anpassen. In Brasilien gibt es eine viel größere Armut als in Europa. Ein Einkommen von ein paar hundert Euro, hat dort einen ganz anderen Stellenwert als beispielsweise in Deutschland.

Witzeecke

Ein Lehrer, der auf Schalke unterrichtet, und selbst ein großer Schalke-Fan ist , hat die Angewohnheit seine neuen Schüler nach ihrer Lieblingsmannschaft im Fußball zu fragen. Er fragt seine Klasse also: "Wer von euch ist denn Schalke-Fan?"
26 Schüler heben den Arm und bejahen laut, dass ihr Herz für den Verein FC Schalke 04 schlägt.
Nur ein Mädchen zeigt nicht auf.

Lehrer: "Was bist du denn für ein Fan?"

Mädchen: "FC Bayern München".

Lehrer: "Ja, und Warum?"

Mädchen: " Mein Vater ist in München als Rechtsanwalt tätig, meine Mutter war dort fünf Jahre lang engagierte Ärztin und ich bin in München zur Welt gekommen. Und habe dort die ersten fünf Jahre meines Lebens verbracht."

Lehrer: "Und das reicht aus, um Bayern-Fan zu werden? Was wäre denn, wenn deine Mutter in einem Nachtclub arbeiten würde, und dein Vater ein schlimmer Alkoholiker wäre."

Mädchen: "Ja, dann wäre ich mit Sicherheit auch Schalke-Fan geworden."

 # Schwedler / Mauch / Zörner / Kuhnt

Willy Schwedler wurde am 4. August 1894 in Pankow geboren und verstarb am 26. März 1945. Der Torhüter bestritt sein einziges Länderspiel für die A-Nationalmannschaft am 18. September 1921 in Helsinki bei einem 3:3 Remis im Vergleich mit der Nationalmannschaft Finnlands.

Paul Mauch wurde am 8. Mai 1897 geboren und verstarb am 15. Juli 1924.
Sein einziges Länderspiel für die A-Nationalmannschaft wurde durch die Verhinderung der zwei dominierenden Torhüter Heinrich Stuhlfauth und Theodor Lohrmann am 23. April 1922 in Wien beim 2:0-Sieg über die Nationalmannschaft Österreichs möglich. Dies war der erste Sieg der deutschen Nationalmannschaft über Österreich.

Carl Richard Hugo Ernst Zörner wurde am 18. Juni 1895 in Neunkirchen geboren und fiel am 12. Oktober 1941 in Wjasma an der russichen Front.
Er bestritt vier Länderspiele für die A-Nationalmannschaft als Torwart.

Werner Kuhnt wurde am 27. Oktober 1893 geboren und verstarb am 1. Januar 1970. Als Torhüter des SV Norden-Nordwest kam er 1924 als Nationalspieler einmal zum Einsatz.

 # Zolper / Ertl / Wentorf / Gehlhaar

Karl Zolper wurde am 30. April 1901 in Siegburg geboren und verstarb am 1. Oktober 1990 in Viersen. Er zählte Mitte der 1920er Jahre zu den besten Keepern im westdeutschen Raum.
Sein erstes und einziges Länderspiel für die A-Nationalmannschaft machte Zolper in Amsterdam bei der 1:2-Niederlage gegen die Nationalmannschaft der Niederlande.

Georg „Schorsch" Ertl wurde am 17. März 1901 in Augsburg geboren und verstarb am 22. Oktober 1968. Er bestritt zwischen 1925 und 1927 sieben Länderspiele für die A-Nationalmannschaft.

Hans Wentorf wurde am 6. April 1899 in Hamburg geboren und verstarb am 1. Januar 1970. Er spielte 1928 zweimal als Torwart für die deutsche Nationalmannschaft.

Paul Ernst Gehlhaar wurde am 27. August 1905 in Königsberg geboren und verstarb am 30. Juni 1968 in Berlin-Zehlendorf. Der Torwart macht zwei Länderspiele in der deutschen Fußballnationalmannschaft und feierte als Keeper von Hertha BSC zweimal in den Jahren 1930 und 1931 den Gewinn der deutschen Fußballmeisterschaft.

Willibald Kreß

Willibald Kreß wurde am 13. November 1906 in Frankfurt am Main geboren und verstarb am 27. Januar 1989 in Gießen. Als Torhüter agierte er zwischen 1922 und 1949 27 Jahre lang in den obersten deutschen Ligen. Er machte von 1929 bis 1934 in der A-Nationalmannschaft 16 Länderspiele und nahm 1934 an der Weltmeisterschaft in Italien teil. Er galt zwischen den Weltkriegen als eine der beeindruckensten Persönlichkeiten im deutschen Fußball und wurde oft mit dem Spanier Zamora, dem Österreicher Hiden und dem Italiener Combi, den ganz großen Torhütern dieser Jahre, verglichen.

Willibald Kreß spielte als Kind und Jugendlicher als Stürmer des Fußballclubs Amicitia in Frankfurt. Bereits mit 15 Jahren spielte er in der Seniorenmannschaft des am 26. August 1919 aus einer Fusion von Amicitia und Germania Bockenheim entstandenen VfR 1901 Frankfurt. Auch spielte er sogar in der Frankfurter Stadtauswahl.

Nach der Fusion des VfR 1901 mit dem FC Helvetia Bockenheim 1926 zum SC Rot-Weiß spielte er samstags in der Reserve als Mittelstürmer und sonntags in der Ersten von Rot-Weiß als Keeper und wurde über die Grenzen Frankfurts hinaus bekannt.

In den Spielzeiten 1929/30 und 1930/31 erzielte der SC Rot-Weiss Platz 2 in der Bezirksliga Main, jeweils hinter Eintracht Frankfurt, und kam in die Endrunde um die Süddeutsche Meisterschaft.

1932 kam das Unglück über Rot-Weiss Frankfurt und mehrere seiner Spieler wurden bei Verstößen gegen das Amateurstatut überführt.

Danach versuchten sich Kreß, sein Schwager Anton Engelhardt und Fritz Engel, zwei weitere Leistungsträger der Hessen, ihre Profikarriere beim Elsässer Meister FC Mulhouse in Frankreich zu verlängern.

Am 13. August 1932 waren die drei Spieler dabei, als die Profimannschaft des FC Mulhouse 2:2-Sieg gegen eine Auswahl aus dem badischen Freiburg spielte. Am 6. August holte man ein 8:0-Erfolg gegen den deutschen Zweitligisten FV Lörrach und am 20. August ein 5:2 Sieg gegen AS Straßburg. Allerding vor dem ersten Ligaspiel der Saison am 12. September blockierte der DFB endgültig die Freigabe der deutschen Profis. Willibald Kreß wurde durch den vom FC Barcelona gekommenen ungarischen Starkeeper Ferenc Plattkó ersetzt, der im November auch Ferdl Swatosch als Spielertrainer ablösen konnte, aber den Abstieg der Mülhauser nicht abzuwehren vermochte.

Willibald Kreß wurde schließlich zu eineinhalb Jahren Spielpause vom DFB verdonnert.

Dann fand Kreß auf Vermittlung des auch mit den Amateurbestimmungen in Konflikt geratenen Nationalspielers Richard Hofmann beim Dresdner SC einen neuen Arbeitsplatz.

Willibald Kreß

Nach seiner frühen Begnadigung debütierte er für seinen neuen Verein am 20. Juli 1933 bei einem 4:1-Sieg vor 20.000 Zuschauern in Dresden gegen den amtierenden Deutschen Meister Fortuna Düsseldorf. Mit seinem neuen Verein holte er sechsmal die deutsche Meisterschaft (1934, 1939, 1940, 1941, 1943, 1944). Die Leistungen von Kreß überzeugten auch Reichstrainer Otto Nerz und so kam Kreß wieder in die Nationalmannschaft zurück. Nach etwa zweijähriger Pause feierte der Ex-Frankfurter am 14. Januar 1934 in seiner Heimatstadt beim 3:1-Erfolg gegen Ungarn sein Comeback in der DFB-Auswahl und kam ins Aufgebot für die Weltmeisterschaft 1934 in Italien.

Helmut Schön, Mitspieler von Willibald Kreß beim Dresdner SC und späterer Bundestrainer, beschrieb seine Torhüter-Qualitäten folgendermaßen:

„Er war keiner, der auf der Torlinie klebte, sondern im wahrsten Sinne des Wortes der Beherrscher des Strafraums. Ihn zeichnete ein untrügliches Gespür dafür aus, die Entwicklung von Torszenen zu erahnen, um sie dann durch ein sicheres und entschlossenes Eingreifen rechtzeitig zu unterbinden. Willibald verstand sich in seiner Torwart-Rolle praktisch als elfter Feldspieler."

Willibald Kreß

Sein Regensburger Torwart-Rivale Hans Jakob beschrieb das Torhüterspiel von Kreß so:

„Als ich Willibald Kreß zum ersten Male spielen sah, wusste ich, dass ich so schnell keine Chance, in die Nationalelf aufzurücken, haben würde. Sein elegantes Spiel, seine Stellungskunst, sein Leiten aller Vorderspieler mussten begeistern."

Kurz vor der WM 1934 fand Kreß wieder Gnade beim Verband. Ausgerechnet in seiner Heimatstadt Frankfurt kehrte er beim Länderspiel gegen Ungarn in die Nationalmannschaft von Trainer Nerz zurück. Im letzten Spiel vor der WM-Qualifikation gegen Luxemburg überzeugte der Dresdner SC Keeper beim 3:1-Erfolg im 99. Länderspiel in der DFB-Geschichte.

Im Vorrundenspiel der WM 1934 am 27. Mai in Florenz gegen Belgien (5:2) und im Zwischenrundenspiel am 31. Mai in Mailand gegen Schweden (2:1) setzte Otto Nerz auf den Dresdner Torhüter Willibald Kreß. Aber im Halbfinalspiel am 3. Juni in Rom gegen die Tschechoslowakei spielte er relativ schlecht und hatte Mitschuld an zwei Gegentreffern.

Angreifer Oldřich Nejedlý schoss drei Tore zum 3:1-Erfolg der Tschechoslowakei. Der enttäuschte Nerz ersetzte bereits vier Tage später beim Spiel um Platz 3 Kreß durch Jakob. Nach 16 Länderspielen war seine Nationalmannschaftskarriere beendet. Kurz vor Ende des Zweiten Weltkrieges kam Willibald Kreß in Kriegsgefangenschaft, kehrte aber bereits im Juli 1945 in seine Heimatstadt Frankfurt zurück.

Kreß war noch lange Zeit nach seiner aktiven Laufbahn u.a. als Fußballtrainer tätig. Willibald Kreß starb am 27. Januar 1989 nach einem Schlaganfall.

Professionellen Fußball gibt es in England tatsächlich seit dem Jahre 1885. Erst 40 Jahre später gab es die erste Profimeisterschaft auf dem europäischen Festland in Österreich 1924/25, die mit zwei Spielklassen ausgetragen wurde. Erster Profi-Meister außerhalb Großbritanniens wurde die Wiener Hakoah. Abgeschafft wurde die Profimeisterschaft in Österreich allerdings mit dem Anschluss an das Deutsche Reich im März 1938. 1949 wurde der Profi-Fußball in Österreich mit der Einführung der Staatsliga wiedereingeführt. In Deutschland blieb lange Zeit ausschließlich der Amateur-Fußball und die Spieler bekamen nur geringe Aufwandsentschädigungen, vergleichbar mit der Landesliga von heute. Als in den 1920er Jahren die Zuschauerzahlen stark anstiegen und die Kassen der Vereine voll waren, wurde mit Schwarzgeld versucht, Spieler anderer Vereine abzuwerben. Bei den Spitzenvereinen war dies häufig der Fall, aber nur wenige Fälle kamen heraus und führten zu Sperren. Ein großer Eklat war im Jahr 1930, als Zahlungen des FC Schalke 04 an zahlreiche Spieler aufflogen und zu lebenslangen Sperren durch den DFB führten, die allerdings auf öffentlichen Druck hin schon nach einem Jahr wieder aufgehoben wurden. Da der Profifußball nicht aufzuhalten war, beschloss der DFB 1932 die Einführung einer professionellen Reichsliga. Die Formalitäten sollten auf einer Sondersitzung im Mai 1933 erarbeitet werden. Dazu kam es dann durch die politische Entwicklung nicht mehr.

1949 wurden schließlich die Vertragsspieler eingeführt, 1963 einhergehend mit der Einführung der Fußball-Bundesliga die Lizenzspieler. Jetzt waren die meisten Spieler eigentlich nur Halbprofis. Sie arbeiteten zumindest noch halbtags.

 # Vergütung im deut. Fußball bis 1972

Der DFB erlaubte ein monatliches Gehalt von maximal 1200 DM (dies entspricht je nach Zeit zwischen 1949 und 1972 etwa 3000 bis 5000 Euro), ließ aber Ausnahmen für Nationalspieler zu, damit diese nicht ins Ausland gingen. Auf Druck der Vereine musste der DFB 1972 die Zahlungen an Spieler im Profibereich schließlich komplett freigeben.

Witzeecke

Der Sohn eines Fußballers bringt stolz sein Zeugnis nach Hause: "Papa, mein Vertrag mit der vierten Klasse wurde erfolgreich verlängert!"

Franz hat sich beim Fußball spielen das Bein gebrochen.
Nach ca. 4 Wochen meldet er sich beim Chef wieder zurück.

"Ja, wie geht's denn, Franz, ist das Bein wieder in Ordnung?"

"Alles in bester Ordnung, Chef!" freut sich Franz,
"Ich kann jetzt besser gehen als zuvor!"

"Das freut mich. Was dir jetzt noch fehlt, ist eine ordentliche Gehirnerschütterung!"

Herr Müller war in Brasilien in Urlaub.
Nach seiner Rückkehr fragt ihn der Chef: "Und Herr Müller, wie war's denn in Rio?"

"Ach wissen Sie, eigentlich leben in Brasilien nur Prostituierte und Fußballspieler!"

Chef: "Habe ich Ihnen überhaupt schon erzählt, dass meine Frau Brasilianerin ist?"

"Oh, bei welchem Verein spielt sie denn?"

 # Blunk / Wenz / Jakob / Buchloh

Wilhelm Friedrich Blunk wurde am 12. Dezember 1902 geboren und verstarb am 25. Oktober 1975. Mit dem Hamburger SV gewann er im Jahr 1928 die deutsche Meisterschaft und spielte 1929 einmal für die deutsche Fußballnationalmannschaft als Torwart.

Ludwig Wenz wurde am 27. August 1906 in Nürnberg geboren und verstarb am 18. April 1968. Er spielte einmal für die deutsche Nationalmannschaft als Torwart.

Hans Jakob wurde am 16. Juni 1908 in München geboren und verstarb am 24. März 1994 in Regensburg. Er spielte achtmal für die deutsche Fußballnationalmannschaft als Torwart, war Olympiateilnehmer 1936 und Weltmeisterschaftsdritter 1934.

Friedrich Hermann Buchloh wurde am 26. November 1909 in Mülheim an der Ruhr geboren und verstarb am 22. Juli 1998. Der Keeper absolvierte als Aktiver des VfB Speldorf von 1932 bis 1936 in der Fußballnationalmannschaft 17 Länderspiele. Weiterhin zählte er zu den DFB-Aufgeboten für die Olympischen Sommerspiele 1936 in Berlin und der Fußballweltmeisterschaft 1938 in Frankreich und war später als Fußballtrainer tätig.

Jürissen / Sonnrein / Köhl

Willy Jürissen wurde am 13. Mai 1912 in Oberhausen geboren und verstarb am 30. Oktober 1990. Er bestritt als Torwart sechs Länderspiele für Deutschland.

Heinrich Sonnrein wurde am 28. März 1911 in Hanau geboren und verstarb am 3. Februar 1944 am Monte Cassino in Italien. Er stand zweimal im Tor der deutschen Nationalmannschaft.

Georg „Hauptmann" Köhl wurde am 19. November 1910 in Nürnberg geboren und verstarb am 15. Januar 1944 in Krakau.
Georg Köhl war Torwart des 1. FC Nürnberg, mit dem er 1936 die deutsche Meisterschaft holte.
Zu den Stärken des relativ kleinen Köhl zählten gute Reflexe und auf der Linie die große Fangsicherheit, die sich durch spektakuläre Flüge durch den Strafraum zeigten. Hiermit lag er im direkten Gegensatz zu seinem legendären Vorgänger Heinrich Stuhlfauth und dessen Motto „Ein guter Torwart wirft sich nicht!" Seinen Spitznamen „Hauptmann Köhl" bekam Köhl nach dem Dienstrang des damals deutschlandweit bekannten Fliegers Hermann Köhl.
1932 spielte er erstmals in einer süddeutschen Auswahlmannschaft. Nur einmal als amtierender deutscher Meister stand Köhl am 21. März 1937 beim 3:2 gegen Luxemburg im Tor der Nationalmannschaft. Trotz einer guten Leistung gab ihm Reichstrainer Otto Nerz keine weitere Gelegenheit, sich als Nationaltorwart auszuzeichnen, was viele Fußballexperten mit der geringen Körpergröße Köhls erklärten.

Jürissen / Sonnrein / Köhl

1939 musste Köhl zur Wehrmacht. Das letzte seiner 490 Spiele für die 1. Mannschaft des 1. FC Nürnberg machte er am 26. September 1943. Danach erhielt er an der Front einen glatten Armdurchschuss, der eine schwere Infektion hervorrief.

Köhl lehnte aus Sorge um seine Torwartkarriere eine lebensrettenden Armamputation ab und verstarb am 15. Januar 1944 in Krakau im Lazarett.

Johannes Emil Klodt / Heinz Flotho

Johannes Emil Klodt wurde am 10. Juni 1914 in Gelsenkirchen geboren und verstarb am 7. November 1996. Er spielte 17 Mal für Deutschland im Tor.

Hans Klodt, ein Bruder von Günter Bernhard, der 1954 mit der A-Nationalmannschaft in der Schweiz Weltmeister wurde, startete seine Karriere beim BV Gelsenkirchen. Zur Saison 1935/36 holte ihn der FC Schalke 04, für den er bis Ende September 1944 in der Gauliga Westfalen spielte. Er gewann mit dem FC Schalke 04 als erstem deutschen Verein 1937 das Double, Meisterschaft und Pokalsieg in einer Saison. 1942 und 1943 wurde er wegen einer erlittenen Kriegsverletzung durch Heinz Flotho ersetzt und versäumte somit den Gewinn der Meisterschaft 1942. Er stand aber später wieder im Tor und agierte nach seiner aktiven Laufbahn noch als erfolgreicher Fußballtrainer.

Heinz Flotho wurde am 23. Februar 1915 in Osnabrück-Schinkel geboren und verstarb am 29. Januar 2000 in Gelsenkirchen. Der Torhüter wurde im Jahr 1942 mit dem FC Schalke 04 deutscher Fußballmeister und spielte auch in der deutschen Fußballnationalmannschaft. Er war nach Ende des Zweiten Weltkriegs von 1947 bis 1954, in den damals erstklassigen Fußball-Oberligen Nord und West bei den Vereinen VfL Osnabrück und STV Horst-Emscher, insgesamt 173 Mal im Einsatz. Danach war er noch als Trainer tätig.

 # Deyhle / Jahn / Martinek

Erwin Heinrich Christian Deyhle wurde am 19. Januar 1914 in Stuttgart geboren und verstarb am 28. November 1989. Er spielte einmal als Torwart für die deutsche Nationalmann-schaft.

Helmut Jahn wurde am 22. Oktober 1917 in Berlin geboren und verstarb am 18. März 1986 in Ludwigsburg. Er spielte 17 Mal als Keeper für die deutsche Nationalmannschaft.

Alexander Martinek wurde am 25. April 1919 in Krems an der Donau geboren und verstarb am 13. Februar 1945. Er war ein österreichischer Torwart. Er spielte mehrmals für die Auswahlmannschaft Ostmark und bestritt bestritt sein einziges Länderspiel für die A-Nationalmannschaft Deutschlands am 14. Juli 1940. Das Freundschaftsspiel in Frankfurt am Main gegen die Nationalmannschaft Rumäniens wurde mit 9:3 gewonnen.

Raftl / Platzer

Rudolf Leopold Raftl wurde am 7 Februar 1911 in Wien,
Österreich-Ungarn geboren und verstarb am 5. September
1994 in Wien.

Rudolf Raftl absolvierte sechs Länderspiele für die
Nationalmannschaft Österreichs und schloss die
Weltmeisterschaft 1934 in Italien mit seiner Mannschaft als
Viertplatzierter ab. Obwohl sich Österreich für die
Weltmeisterschaft 1938 qualifizieren konnte, musste man auf
die Teilnahme verzichten, da die österreichische
Nationalmannschaft aufgelöst wurde. Nun spielte Raftl für
das Deutsche Reich. Er wurde in beiden Spiele bei der WM
1938 in Frankreich eingesetzt und stand bis 1940 insgesamt
sechsmal im Tor der Nationalmannschaft Deutschlands.

Peter Platzer wurde am 29. Mai 1910 in Wien geboren und
verstarb am 13. Dezember 1959. Er stand zunächst bei allen
Spielen der Fußball-Weltmeisterschaft 1934 im Tor, bei der
die österreichische Mannschaft bis ins Halbfinale kam.
Während des Zweiten Weltkriegs spielte Peter Platzer auch
im reichsdeutschen Team.

 # Witzeecke

Der Platzordner beobachtet nach Ende des Fußballspiels einen Jungen über den Zaun klettern und ruft: "Kannst du nicht da rausgehen, wo du reingekommen bist?"

Der Junge: "Das mache ich doch gerade"

Ein Wahnsinniger hockt vor der Waschmaschine und starrt ins Glas.

Ein zweiter Irrer kommt vorbei und fragt: "Und, zeigen Sie schon das Fußballspiel?"

"Nein, das dauert noch. Im Augenblick wird noch gezeigt, wie die Trikots der Spieler gewaschen werden."

Trainer zum Stürmer: "Du spielst heute gegen Karl Totengräber."

"Das ist ja unmenschlich. Der tritt gegen alles, was sich bewegt!"

Trainer: "Dann besteht für dich ja überhaupt kein Risiko!"

Toni Turek

Anton „Toni" Turek wurde am 18. Januar 1919 in Duisburg geboren und verstarb am 11. Mai 1984 in Neuss. Mit ihm als Torwart wurde Deutschland 1954 Fußball-Weltmeister.
Ab 10 Jahren spielte Toni von 1929 bis 1936 beim Duisburger SC 1900 Fußball. Kurzzeitig wurde er 1934 auch in die Stadtmannschaft von Duisburg berufen. Bereits in dieser Zeit war er Sepp Herberger bei einem Jugendspiel aufgefallen. Nach dem Schulabschluss beendete er eine Lehre als Bäcker erfolgreich. Im Jahr 1936 ging er zum TuS Duisburg 48/99. Mit 18 Jahren musste er zum Arbeitsdienst und kam 1939 als Soldat der deutschen Wehrmacht beim Überfall auf Polen als Kradmelder zum Einsatz. Hierbei traf ein ein Granatsplitter seinen Stahlhelm und blieb für immer im Hinterkopf stecken und verursachte des öfteren Schmerzen sein ganzes Leben lang. Von 1941 bis 1943 spielte Toni als Kriegsgastspieler zeitweilig beim TSG Ulm 1846, aber weiterhin auch beim TuS Duisburg, zu dem er 1943 schließlich komplett zurückkehrte. Im alles entscheidenden Spiel um die Gaumeisterschaft 1942 war Toni Turek beim 0:5 seines TuS Duisburg gegen Hamborn 07 im Tor. Durch die Niederlage versäumte seine Mannschaft die Teilnahme an der Deutschen Meisterschaft.
1943 heiratete er Wilhelmine und sie bekamen zwei Kinder, 1946 wurde die Tochter Ute und 1950 der Sohn Hans-Jürgen geboren. Kurz vor Ende des Zweiten Weltkrieges musste er in Gefangenschaft, hatte aber Glück und wurde schnell wieder freigelassen. Nach seinem Kriegseinsatz agierte er zunächst von 1946 bis 1947 bei Eintracht Frankfurt als Torwart.
Auch wurde er für die Süd-Oberligisten und TSG Ulm 1846 eingesetzt. In dieser Zeit in Ulm war Toni auch als Sportlehrer in einem Jugendgefängnis tätig.

Toni Turek

Im Jahr 1950 ging er zu Fortuna Düsseldorf. Erst mit 31 Jahren sollte er einen Stammplatz in der Nationalelf bekommen und Toni stand beim ersten Länderspiel nach dem Zweiten Weltkrieg am 22. November 1950 im Tor der deutschen Nationalmannschaft. Zwischen 1950 und 1954 hatte er 20 Einsätze für Deutschland. Turek war bekannt für sein einzigartiges Auge und bewegte sich manchmal selbst bei Bällen nicht, die nur knapp am Tor vorbeigingen. Bundestrainer Sepp Herberger hielt ihn für einen absoluten Ausnahme-Sportler mit gelegentlich leichtsinnigen Zügen.

Für seine Teilnahme an der Fußball-Weltmeisterschaft 1954 musste sich Toni von seinem Arbeitgeber, der Rheinischen Bahngesellschaft, das entspricht der heutigen Rheinbahn AG Düsseldorf, vier Wochen Sonderurlaub bewilligen lassen. Diesen Sonderurlaub erhielt er nur, weil der DFB bereit war, seinen Lohnausfall in Höhe von 537,79 Mark zu übernehmen. Im Endspiel der Fußball-Weltmeisterschaft 1954 stand Turek als ältester Spieler des gesamten Turniers im Kasten und wurde mit der deutschen Mannschaft durch den 3:2-Sieg vom 4. Juli 1954 gegen den haushohen Favoriten Ungarn Weltmeister. In der ersten Halbzeit kassierte Turek aufgrund seiner oben genannten Leichtfertigkeit ein Tor der Ungarn. Danach er konnte sich fangen. Insbesondere in der zweiten Halbzeit wurde er durch seine perfekten Paraden zu einer Legende.

Mehr als 100.000 Menschen waren auf den Straßen, als Turek am 8. Juli 1954 mit einem Triumphmarsch durch Düsseldorf geführt wurde, wobei er als Siegprämie lediglich 1.000 Mark erhielt.

Toni Turek

Sein letztes Länderspiel bestritt er im Oktober 1954 gegen die französische Fußballnationalmannschaft. Das Spiel ging 1:3 verloren. Seine Fußball-Karriere endete 1956 bei Borussia Mönchengladbach.

Im September 1973 erkrankte Toni plötzlich an einer rätselhaften Lähmung der Beine, von der Hüfte abwärts. Im Krankenhaus kam es zu Komplikationen, Die Milz und ein Teil des Magens wurden entfernt. Turek erlitt vier Lungenembolien, bekam Bluttransfusionen und war zwei Monate auf der Intensivstation. Sein Körpergewicht reduzierte sich von 90 auf 45 kg. Es dauerte drei Jahre, bis er wieder am Stock gehen konnte. Dann kam eine Herz-Kreislauf-Erkrankung dazu und Toni musste sich einer Herzoperation unterziehen. In seinen letzten Lebensjahren konnte er sich nur noch mit Gehhilfen und einem Rollstuhl fortbewegen. Trotzdem ging er erst am 30. April 1977 in Pension.

Als Toni Turek 1984 im Alter von nur 65 Jahren nach einem Schlaganfall im Johanna-Etienne-Krankenhaus in Neuss starb, hinterließ er seine Frau Wilhelmine, die immer für ihn da war und ihn die ganze Zeit pflegte, und seine beiden Kinder. Toni Turek wurde auf dem Friedhof Lindenheide in Mettmann in einem Urnengrab beigesetzt. Wilhelmine Turek verstarb im Januar 2012 mit 90 Jahren und wurde neben dem Ehrengrab ihres Ehemannes beigesetzt.

 **Fußball-WM 1954 / Das Wunder von Bern**

Fußball-Weltmeisterschaft 1954
(Das Wunder von Bern mit Torwart Toni Turek)

Die Endrunde der Fußball-Weltmeisterschaft 1954 fand vom 16. Juni bis zum 4. Juli 1954 in der **Schweiz** statt. Wir beschreiben diese Weltmeisterschaft etwas genauer, weil Deutschland vollkommen unerwartet, dieses Turnier gewann. Es war die fünfte Weltmeisterschaft, für die sich 16 von 38 Nationalmannschaften qualifizierten. Sie traten zunächst in Gruppen-, und danach in Ausscheidungsspielen gegeneinander an.

Diese Weltmeisterschaft war die erste, die auch **offiziell die Bezeichnung Fußball-Weltmeisterschaft** zugesprochen bekam. Der Austragungsmodus war allerdings noch nicht absolut fair, die WM aber im Praktischen perfekt organisiert, und alle Mannschaften, die sich qualifizierten, erschienen auch.

Die Spiele wurden in sechs verschiedenen schweizer Städten ausgetragen. Insgesamt fanden 26 Begegnungen statt, die von fast 900.000 Menschen in den Stadien besucht wurden. 1954 besaßen auch schon sehr viele Haushalte Fernsehgeräte, so dass zum ersten Mal mehrere Millionen Menschen die Veranstaltung von zu Hause aus mitverfolgen konnten. Weiterhin wurden erstmalig in der Geschichte der Fußball-Weltmeisterschaften die Spiele direkt übertragen.

Exkurs: 1954 besaßen lediglich 61.000 Haushalte offiziell einen Fernseher, allerdings gehen wir davon aus, dass mindestens 40.000 Haushalte jeweils einen nicht angemeldeten Fernseher besaßen. Rechnen wir pro Fernseher zehn Zuschauer, dann haben allein in Deutschland schon eine Millionen Menschen jedes Turnierspiel verfolgt.

1958 stieg die Anzahl der Fernsehgeräte schon auf 2,1 Millionen an, woran die WM 1954 nicht ganz unschuldig war. Jetzt beobachteten schon etwa 10 Millionen Deutsche die Fußball-Weltmeisterschaft live im Fernsehen, 1962 waren es wohl schon knapp 15 Millionen bei 7,2 Millionen Fernsehgeräten.

Austragungsorte

Die Spiele der Fußball-Weltmeisterschaft von 1954 wurde in sechs schweizer Städten ausgetragen.

Zürich

Im **"Hardturmstadion"** fanden fünf Vorrundenspiele statt, sowie das Spiel um Platz drei. Das 34.800 Plätze umfassende Stadion war das kleinste Stadion der Weltmeisterschaft, hatte aber im Schnitt 22.600 Besucher, und damit mehr als das größere Stadion in Genf. Insgesamt gingen 113.000 zu den sechs Spielen. Mit lediglich 13.000 Zuschauern hatte das Spiel Ungarn gegen Südkorea die wenigsten Zuschauer, die dann aber mit 9 Toren belohnt wurden. Zum kleinen Finale zwischen Österreich und Uruguay kamen dann mit 32.000 die meisten Zuschauer, und das Stadion war fast gefüllt.

Basel

Das Stadion in Basel wurde innerhalb eines Jahres gebaut, und am 24. April 1954 mit dem Namen **"St.-Jakob-Stadion"** eröffnet. Die Schweizer nannten es liebevoll **„Joggeli"**.
Es umfasste 54.800 Zuschauerplätze, und war Austragungsort von

vier Vorrundenspielen, einem Viertelfinalspiel und dem Halbfinale zwischen Österreich und Deutschland.

Interessanterweise kamen zum Halbfinalspiel Deutschland gegen Österreich 58.000 Zuschauer, und zwischen dem Vorrundenspiel zwischen England und Belgien lediglich 14.000. Allerdings fielen hier acht Tore.

Bern

Das **"Stadion Wankdorf**" in Bern war mit 64.000 Sitzplätzen das größte Stadion dieser Fußball-Weltmeisterschaft.

In dem für vier Millionen Schweizer Franken umgebauten und erweiterten Stadion wurden drei Vorrundenspiele, ein Viertelfinale und das Endspiel ausgetragen. Hier kamen insgesamt fast 195.000 Zuschauer. Zum Endspiel erschienen fast 63.000 Besucher, davon überwiegten die Deutschen deutlich.

Genf

Im Stadion „**Stade des Charmilles**" der Stadt Genf fanden drei Spiele der Vorrunde und das Viertelfinale statt. Es umfasste damals 36.000 Zuschauer, allerdings wurden die vier Partien lediglich von knapp 54.000 besucht.

Das Stadion, sehr nah an der Grenze zu Frankreich, war ein reines Fußballstadion. Die meisten Besucher kamen zum Spiel Frankreich gegen Mexico, hier waren es über 19.000. Das Spiel der Türkei gegen Südkorea verfolgten nur 4.000 Menschen im Stadion. Hier fielen aber immerhin sieben Tore.

Fußball-WM 1954 / Das Wunder von Bern

Lausanne

Im Stadion **„Stade Olympique de la Pontaise"**, das für 7,5 Millionen Schweizer Franken neu gebaut wurde, fand am 16. Juni 1954 das Eröffnungsspiel zwischen Jugoslawien und Frankreich statt (nur 16.000 Besucher).

Weiterhin trug man hier zwei weitere Vorrundenbegegnungen, ein Viertelfinale und das Halbfinale Uruguay gegen Ungarn aus. Die Begegnungen wurden von fast 164.000 Menschen in dem Stadion besucht, die meisten davon sahen das Halbfinale zwischen Titelfavorit Ungarn und dem Titelverteidiger Uruguay, und sahen wohl das zweitbeste Spiel des Turniers. Hier fielen sechs Tore in 120 Minuten.

Lugano

Im Stadion **„Stade di Cornaredo"** trug man nur ein Vorrundenspiel aus, Italien gegen Belgien. 24.000 Zuschauer waren im Stadion dabei, welches maximal knapp 36.000 aufnehmen konnte.

Exkurs: Aus heutiger Sicht nicht mehr denkbar, campierten doch die Spieler der Nationalmannschaften von Brasilien und der Schweiz nur 20 Meter voneinander entfernt in Magglingen. Die deutsche Nationalmannschaft schlug ihre Stätte während der Fußball-Weltmeisterschaft in Spiez auf.

Wir dürfen an dieser Stelle nicht vergessen, dass die Unterkünfte im Gegensatz zu heutigen Verhältnissen sehr spartanisch waren. Auch die medizinische oder physiotherapeutische Betreuung, Regenerationsmaßnahmen oder -möglichkeiten, spezielle Diäten,

psychologische Betreuung usw. waren damals wesentlich geringer ausgeprägt bis gar nicht vorhanden.

Für die Endrunde der Fußball-Weltmeisterschaft 1954 in der Schweiz waren also Belgien, Italien, Schweiz, Deutschland, Jugoslawien, Tschechoslowakei, England, Österreich, Türkei, Frankreich, Schottland und Ungarn aus Europa qualifiziert, Brasilien und Uruguay aus Südamerika, Mexico aus Nord- bzw. Mittelamerika und Südkorea aus Asien.

Nach der Auslosung kam es zur folgenden Gruppeneinteilung:

Gruppe 1: Brasilien, Frankreich, Jugoslawien, Mexico

Gruppe 2: Ungarn, Türkei, Deutschland, Südkorea

Gruppe 3: Uruguay, Österreich, Schottland, Tschechoslowakei

Gruppe 4: England, Italien, Schweiz, Belgien

Austragungsmodus

Die Fußball-Weltmeisterschaft 1954 fand unter einem sehr umstrittenen Modus statt. Dieser wurde zu recht von vielen Experten als unfair eingestuft. Die 16 Nationen bildeten vier Gruppen mit jeweils vier Mannschaften.

Aber in jeder Gruppe gab es zwei gesetzte und zwei ungesetzte Mannschaften, d.h., die ungesetzten Teams spielten nicht gegeneinander,und jede Mannschaft spielte in der Vorrunde nur zweimal. Selbst für den Laien dürfte dieses auf Unverständnis stoßen.

Ein Sieg wurde, wie wir alle wissen, zu dieser Zeit mit zwei Punkten

belohnt. Endete die reguläre Spielzeit mit einem Unentschieden, wurde um zweimal 15 Minuten verlängert. Nach dieser Verlängerung erfolgte bei einem Remis kein Elfmeterschießen, sondern eine Punkteteilung.

Für das Viertelfinale qualifizierten sich die beiden vorderen Mannschaften jeder Gruppe. Bei der Platzierung wurde allerdings das Torverhältnis nicht gewertet (das war wohl auch logisch, weil nicht jede Mannschaft gegeneinander antrat). Bei Punktgleichheit auf dem zweiten und dritten Platz käme es dann logischerweise zu einem Entscheidungsspiel.

Bei Punktegleichheit der ersten beiden Plätze entschied das Los über den Gruppensieg. Also konnte auch eine Mannschaft mit einem schlechteren Torverhältnis als Gruppensieger gewertet werden.

Die Sache wird aber noch etwas komplizierter und wirrer bei anderen Extremfällen. Sollten z.B. alle vier Mannschaften einer Gruppe nach den Vorrundenspielen mit gleicher Punktzahl darstehen, hätte es ein Entscheidungsspiel zwischen den beiden gesetzten und den beiden ungesetzten Teams gegeben (diese Möglichkeit trat aber bei dieser WM nicht ein).

In diesem Extremfall wäre es dann schließlich doch zu einer kompletten Gruppenphase gekommen.

Eine Punktegleichheit zwischen drei Nationalmannschaften war aus mathematischer Sicht unmöglich. Ein Unentschieden in diesem möglichen Entscheidungsspiel hätte zu einer Verlängerung geführt, wäre auch hier kein Sieger ermittelt worden, hätte das Los den Sieger bestimmt.

Nach der Vorrunde verlief das Turnier mit seinen Regeln absolut fair weiter. Ab dem Viertelfinale fand das Turnier im K.-o.-System

statt, bei dem sich natürlich der Sieger für die nächste Runde qualifizierte, und der Verlierer nach Hause fahren konnte.

Bei einem Unentschieden kam es zunächst zu einer Verlängerung, erbrachte dies auch keine Entscheidung, sollte der Sieger durch das Los ermittelt werden. Das Endspiel wäre bei einem Unentschieden sogar neu angesetzt worden, und bei einem weiteren Remis hätte im zweiten Finale das Los die Fußball-Weltmeisterschaft 1954 entschieden.

Vorrunde

Gruppe 1

Platzierung	Land	Spiele	S	U	N	Tore	Punkte
1.	Jugoslawien	2	1	1	0	2:1	3:1
2.	Brasilien	2	1	1	0	6:1	3:1
3.	Frankreich	2	1	0	1	3:3	2:2
4.	Mexiko	2	0	0	2	2:8	0:4

Wir erkennen an dieser Tabelle sofort, dass Jugoslawien mittels Losentscheid Gruppensieger wurde.

Das Eröffnungsspiel der Endrunde mit den 16 Finalisten wurde am 16. Juni 1954 zwischen Jugoslawien und Frankreich in Lausanne ausgetragen. Hier schoss Milos Milutinovic bereits in der 15. Minute das entscheidende Tor zum 1:0 für die Jugoslawen.

Im zweiten Spiel dieser Gruppe fertigte Brasilien die Mexikaner mit 5:0 ab.

 # Fußball-WM 1954 / Das Wunder von Bern

Jetzt kam es zum Duell zwischen Brasilien und Jugoslawien, welches eine extrem spannende Partie wurde. Nach 120 Minuten stand es dann gerecht 1:1. Interessanterweise schoss Didi das Tor für Brasilien, den späteren zweifachen Weltmeister, und für Jugoslawien erzielte Branko Zebec das Tor, ein späterer Bundesliga-Trainer in Deutschland.

Hiermit waren beide Mannschaften für das Viertelfinale qualifiziert. Das letzte Spiel gewann Frankreich mit 3:2 gegen Mexiko, aber trotzdem mussten beide Mannschaften nach Hause fahren.

Gruppe 2

Platzierung	Land	Spiele	S	U	N	Tore	Punkte
1.	Ungarn	2	2	0	0	17:3	4:0
2.	Deutschland	2	1	0	1	7:9	2:2
3.	Türkei	2	1	0	1	8:4	2:2
4.	Südkorea	2	0	0	2	0:16	0:4

In der Gruppe 2 spielten zunächst Ungarn gegen Südkorea. Hier war Ungarn der haushohe Favorit, sie waren ebenfalls für die gesamte Fußball-Weltmeisterschaft favorisiert. Die Ungarn begeisterten schon seit Jahren die ganze Welt mit ihrem hervorragenden Offensivspiel. Gegen den WM-Neuling Südkorea siegten sie schließlich auch deutlich mit 9:0.

Danach trat Deutschland gegen die gesetzten Türken an. Die Deutschen waren in einer ausgezeichneten Verfassung, woran das

vierzehntägige Trainingslager, das kurz zuvor in Grünwald bei München stattfand, nicht ganz unschuldig war.

Allerdings war **Sepp Herberger** zunächst schnell „bedient". Deutschland geriet bereits nach drei Minuten in Rückstand. Doch der Spielmacher **Fritz Walter** war sehr gelassen, und dirigierte das Spiel mit größter Ruhe und Sorgfalt. Nach etwa 15 Minuten konnte Schäfer zum 1:1 ausgleichen.

Doch trotz einer eindeutigen Überlegenheit der Deutschen, blieb die Spannung bis zur 50. Minute, hier erzielte Klodt endlich das 2:1. Danach konnte Deutschland schließlich schnell und leicht durch **Ottmar Walter und Max Morlock** auf das Endergebnis von 4:1 erhöhen. Auch nach diesem klaren Sieg glaubte kaum jemand auf der Welt an einen Weltmeister-Titel für die Deutschen. Diese Einschätzung war auch objektiv gesehen vollkommen richtig, denn zwei Dinge, die später eintraten, konnte niemand vorausahnen.

Und jetzt wurde der Stratege Sepp Herberger offensichtlich. Nach dem eindeutigen Sieg gegen die gesetzten Türken, schien ein Weiterkommen in greifbare Nähe gerückt. Gegen Ungarn bot Herberger nur ein Reserveteam auf, um viele Stammspieler zu schonen. Sepp Herberger wusste vor dem zweiten Gruppenspiel zwei Dinge:

1. Wir können in der Vorrunde gegen Ungarn nicht gewinnen, weil kein Regen in Sicht (!) ist, dazu später mehr.

2. Nach der absehbaren Niederlage erfolgt ein Entscheidungsspiel gegen die Türkei. Darum ist es von Vorteil, wenn wir die Regenerationsphase einiger Spieler verlängern (wir dürfen hier nicht vergessen, dass damals die Regenerationsmaßnahmen

noch lange nicht die Qualität der heutigen hatten; denken wir hier allein an die optimierte Ernährung, Eistonne, aktive Erholung usw.). Wie erwartet, verloren die Deutschen das Spiel. Die Ungarn zeigten ihr großes Können, und gewannen mit 8:3. Gleichzeitig besiegten die Türken Südkorea mit 7:0.

Alles trat ein, wie Sepp Herberger es vorherberechnet hatte, die Deutschen mussten ein zweites Mal gegen die Türkei antreten. Deutschland gewann das Spiel mit 7:2, und war für das Viertelfinale qualifiziert. Der hervorragende Max Morlock erzielte hier drei Treffer.

Gruppe 3

Platzierung	Land	Spiele	S	U	N	Tore	Punkte
1.	Österreich	2	2	0	0	6:0	4:0
2.	Uruguay	2	2	0	0	9:0	4:0
3.	Tschecho-slowakei	2	0	0	2	0:7	0:4
4.	Schottland	2	0	0	2	0:8	0:4

Natürlich war der amtierende Weltmeister Uruguay ein weiterer Titelfavorit. Souverän gewannen sie 2:0 gegen die Tschechoslowakei und 7:0 gegen Schottland, die nächste Runde war erreicht.

Wiederum setzten sich die Österreicher 1:0 gegen Schottland und 5:0 gegen die Tschechoslowakei durch. Obwohl Österreich eine schlechtere Tordifferenz gegenüber Uruguay aufwies, wurden sie durch das Los zum Gruppensieger erklärt.

Gruppe 4

Platzierung	Land	Spiele	S	U	N	Tore	Punkte
1.	England	2	1	1	0	6:4	3:1
2.	Schweiz	2	1	0	1	2:3	2:2
3.	Italien	2	1	0	1	5:3	2:2
4.	Belgien	2	0	1	1	5:8	1:3

Die Gruppe 4 war von höchster Spannung geprägt. Im Spiel England gegen Belgien gab es eigentlich nur einen Favoriten. Aber die Engländer blamierten sich ein wenig, und kamen nach einer Verlängerung nicht über ein 4:4 hinaus.

Im folgenden Spiel besiegte der Gastgeber Schweiz das Team aus Italien mit 2:1. An dieser Stelle muss erwähnt werden, dass die Italiener klar überlegen waren. Doch die Schweizer waren mit ihrer praktizierten **Riegelvariante** (s. Exkurs S. 70) nicht zu überwinden und taktisch optimal aufgestellt.

Gegen die Engländer verloren die Schweizer allerdings mit 2:0, die Briten waren somit als Gruppensieger für das Viertelfinale qualifiziert.

Im nächsten Spiel gewannen die Italiener gegen Belgien mit 4:1, und hielten ihre Chancen auf das Viertelfinale aufrecht. Aufgrund der Punktgleichheit von Italien und der Schweiz, musste ein Entscheidungsspiel ausgetragen werden. Nachdem die Italiener mit einer großartigen Leistung 4:1 gegen Belgien gewonnen hatten, gingen sie erneut als Favorit ins Spiel. Aber es sollte anders kommen, die Schweizer schossen die Südeuropäer mit 4:1 ab.

 # Fußball-WM 1954 / Das Wunder von Bern

Das klägliche Scheitern des zweimaligen Weltmeisters, und der Viertelfinaleinzug der Schweiz waren somit die ersten beiden Überraschungen der Fußball-Weltmeisterschaft 1954.

Viertelfinalspiele

Berichten wir zuerst über das Viertelfinalspiel zwischen dem Gastgeber Schweiz und Österreich, das in Lausanne ausgetragen wurde. Dieses Duell ist bis heute noch das torreichste Spiel der WM-Geschichte, welches als **„Hitzeschlacht von Lausanne"** berühmt wurde. Nach nur 23 Minuten führten die Schweizer bereits 3:0. Doch dann begann das erste kleine **„Wunder"** dieser WM. Vor Ende der ersten Halbzeit führte Österreich plötzlich mit 5:3, die Schweiz konnte aber kurz vor der Halbzeit noch auf 5:4 verkürzen. In der zweiten Hälfte geht das Drama weiter, es folgen das 6:4, 6:5 und das 7:5. Überraschend hatte Österreich die Schweiz aus dem Turnier geworfen.

Im zweiten Viertelfinale trafen der Titelverteidiger Uruguay und England aufeinander, zwei Mannschaften, die als Favoriten gehandelt wurden.
Bereits nach knapp fünf Minuten konnten die Südamerikaner durch Carlos Borges goalen, er nutzte die Verwirrtheit der englischen Hintermannschaft aus, und staubte zum 1:0 ab. In der 16. Minute gelang dem englischen Mittelstürmer Nat Lofthouse allerdings der Ausgleich. Uruguay ließ sich dadurch aber nicht beirren, erzielte ein weiteres Tor in der 39. Minute, und erhöhte kurz nach der Halbzeitpause sogar auf 3:1. Die Engländer kämpften jetzt wie die

„Löwen", waren aber spielerisch absolut enttäuschend. Letztendlich siegte Uruguay, der amtierende Weltmeister, verdient mit 4:2.

Im dritten Viertelfinale traf Deutschland auf die favorisierten Jugoslawen. Aber hier beginnt die Geschichte **„Das Wunder von Bern"** mit dem ersten kleinen Wunder der Deutschen Fußball-Nationalmannschaft. Nach nur neun Minuten ging sie durch ein unglückliches Eigentor von Horvath in Führung.
Jetzt begann die große Abwehrschlacht der Deutschen, die Jugoslawen griffen unaufhörlich an. Aber der deutsche Torwart **Toni Turek** hatte den „Arbeitstag" seines Lebens, er hielt einfach alles, und auch das Glück war auf seiner Seite.
In der 85. Minute konnte Helmut Rahn sogar einen Konter der deutschen Mannschaft verwerten, und auf 2:0 erhöhen. Deutschland stand überraschend im Halbfinale.

Doch kommen wir zum letzten Viertelfinale, welches mit größter Härte und teilweise Unfairness geführt wurde. Die Ungarn siegten unschön mit 4:2, die Brasilianer verloren Nilton Santos und Humberto mittels Roter Karte, die Ungarn Bozsik durch dieselbige. Nach dem Spiel, das als **„Schlacht von Bern"** einging, prügelten sich die Spieler in den Kabinengängen weiter.

Halbfinale

30 Juni 1954, 18.00 Uhr in Basel:
BR Deutschland – Österreich

30. Juni 1954, 18.00 Uhr in Basel:
Ungarn – Uruguay

Im Halbfinale Deutschland gegen Österreich waren die Deutschen wiederum nicht der Favorit. Nach einem schwachen Beginn erzielte Schäfer das 1:0 für Deutschland. Erst in der zweiten Hälfte ging es dann so richtig weiter. Kurzzeitig dominierte Österreich das Spiel, doch Turek glänzte wieder mit tollen Paraden, und völlig unerwartet gelang Max Morlock nach einer Ecke von Fritz Walter das 2:0.
Einige Minuten später verkürzte Österreich auf 1:2, aber jetzt kam die Stunde der deutschen Mannschaft. Fritz Walter schoss mit einem Elfmeter das 3:1, Österreich geschockt, spielte wie gelähmt weiter. Das Spiel endete 6:1 für Deutschland, Fritz Walter traf noch einmal, und Ottmar Walter erzielte noch zwei Treffer.
Überraschend hatte die deutsche Nationalmannschaft das Finale erreicht.

Im zweiten Halbfinale spielte gleichzeitig Ungarn gegen Uruguay. Obwohl Uruguay der amtierende Weltmeister war, galten die Ungarn als haushoher Favorit.
Die Ungarn führten auch schon 2:0, als sie in der regulären Spielzeit noch das 2:2 hinnehmen mussten. Während der Verlängerung spielte aber nur noch eine Mannschaft, der ungarische Stürmer

Kocsis erzielte zwei Treffer zum 4:2 Endstand. **Ungarn stand wie erwartet im Finale.** Kaum noch einer zweifelte am Turniersieg dieser Mannschaft.

Spiel um Platz 3

3. Juli 1954, 17.00 Uhr in Zürich

Im Zürcher Hardturmstadion wurde am 3. Juli das Spiel um Platz drei ausgetragen, das Endspiel fand einen Tag später statt. Der jetzt entthronte Weltmeister Uruguay und die Mannschaft aus Österreich spielten nun gegeneinander.

Die erschienen Zuschauer waren von dem Spiel wenig begeistert. Die Österreicher schienen fitter und motivierter als ihre südamerikanischen Gegner. Erstens waren sie wohl noch etwas geschwächt aus der Partie mit Verlängerung gegen Ungarn, zweitens spielten sie diesmal nicht um den Titel, sondern nur um Platz drei. An dieser Stelle sollte noch niemand ahnen, dass die „große Zeit" für Uruguay für immer vorbei sein sollte, zumindest bis zur Fußball-Weltmeisterschaft 2018 (bei der Fertigstellung dieses Buches war diese WM noch nicht ausgetragen).

In der 16. Minute ging Österreich schließlich durch Ernst Stojaspal mit einem Foulelfmeter in Führung. Zwei Minuten später konnte Uruguay durch Juan Hohberg ausgleichen. In der zweiten Hälfte erhöhte **Österreich** aber auf 3:1, und **sicherte sich den dritten Platz.**

 **Fußball-WM 1954 / Das Wunder von Bern**

Finalspiel

Deutschland – Ungarn
4. Juli 1954 um 17.00 Uhr in Bern (Wankdorfstadion)

Zuschauerzahl: 62500
Schiedsrichter: William Ling aus England

Startaufstellung Deutschland: | **Startaufstellung Ungarn:**

Startaufstellung Deutschland:	Startaufstellung Ungarn:
Toni Turek	Gyula Grosics
Werner Kohlmeyer	Jeno Buzanszky
Horst Eckel	Gyula Lorant
Josef Posipal	Mihaly Lantos
Karl Mai	Jozsef Bozsik
Werner Liebrich	Jozsef Zakarias
Helmut Rahn	Sandor Kocsis
Max Morlock	Nandor Hidegkuti
Fritz Walter	Ferenc Puskas
Hans Schäfer	Zoltan Czibor
Trainer: Sepp Herberger	Mihaly Toth
	Trainer: Gusztav Sebes

 # Fußball-WM 1954 / Das Wunder von Bern

Das Endspiel

In diesem Endspiel um die Fußball-Weltmeisterschaft, welches später das **„Wunder von Bern"** genannt wurde, war Ungarn der absolute Favorit, und Deutschland krasser Außenseiter. Doch die Deutschen bekamen unerwartet zwei „Joker" zugespielt, Ferenc Puskas trat mit einer Knöchelverletzung an, und es regnete (dazu, wie schon erwähnt, später mehr).

Trotz seiner Verletzung schoss Ferenc Puskas Ungarn schon nach sechs Minuten in Führung. Er konnte einen abgeprallten Schuss von Kocsis verwerten. Nur zwei Minuten später erhöhte Czibor auf 2:0, das Spiel schien schon früh gelaufen.

Doch in der 11. Minute verkürzte Max Morlock auf 2:1. Im weiteren Verlauf starteten die deutschen Spieler eine Angriffswelle nach der anderen, und Helmut Rahn konnte nach einem Eckball von **Fritz Walter den Ausgleich** erzielen. Bei diesem Tor half der ungarische Torhüter Grosics durch einen „Riesenpatzer" mit.

Nun waren die Ungarn voller Wut, und übernahmen das Spielgeschehen wieder. Der Druck auf das deutsche Tor wurde in der zweiten Hälfte noch mehr verstärkt. Der Ungar Hidegkuti traf aber nur den Pfosten, Kocsis nur die Querlatte, Kohlmeyer rettete auf der Linie und der deutsche Torhüter hielt mit Perfektion den Rest.

Auch in den letzten Minuten blieb das Glück auf deutscher Seite. Sechs Minuten vor Spielschluss nahm Flügelstürmer **Helmut Rahn** eine schlecht abgewehrte Flanke auf, zog vom Strafraumeck ab, und erzielte mit einem Flachschuss das *3:2 für Deutschland*.

Danach wurde Puskas auch noch ein zweiter Treffer wegen angeblicher Abseitsstellung(!) aberkannt, und Schiedsrichter William Ling pfiff das Spiel schließlich ab. **Deutschland war zum ersten Mal Fußball-Weltmeister.** Zwei Jahre lang hatten die Ungarn kein Spiel mehr verloren, und nun geschah dies bei ihrem wichtigsten Match. Was war geschehen?

Exkurs: Warum haben die Ungaren dieses Endspiel verloren?

Die Hauptursache für den deutschen Erfolg war der **Regen** während des Endspiels, und das ist kein schlechter Witz. Ohne den Regen hätte Deutschland keine Chance gegen Ungarn gehabt.

Die von **Adolf „Adi" Dassler** entwickelten Fußballschuhe mit Schraubstollen verschafften den deutschen Spielern den entscheidenden Vorteil.

Während die durch den Dauerregen aufgeweichten Schuhe der ungarischen Spieler ihr Gewicht auf 1500 Gramm verdoppelten, wogen die Schuhe der deutschen zu diesem Zeitpunkt lediglich 700 Gramm. Die neuen Schuhe von Adidas nahmen kein oder nur wenig Wasser auf, außerdem boten die neuen Schraubstollen einen viel besseren Halt auf dem aufgeweichten Untergrund. Nach unserer Überzeugung waren diese beiden Faktoren der Hauptgrund für den Sieg der deutschen Nationalmannschaft.

So, jetzt können schlaue „Füchse" sagen, „was machen denn 800 Gramm bei einem Körpergewicht von 65 bis 85 Kilogramm der einzelnen Spieler aus"?

Die positiven Auswirkungen von Wettkampfschuhen werden noch

heute von vielen Sportlern unterschätzt. Gehen wir hier einmal zum Langstreckenlauf der Leichtathletik. Die Läuferinnen und Läufer im vorderen Feld tragen ausschließlich leichte Laufschuhe, im hinteren sehen wir oft eine schwere Fußbekleidung. Man könnte nun zu folgender Schlussfolgerung kommen, dass die guten Platzierungen über das Gewicht der verwendeten Schuhe erzielt werden. Das ist natürlich nicht so, weil die schwereren Läuferinnen und Läufer auch meistens die schweren Trainingsschuhe im Wettkampf tragen.

Fragt man die betreffenden Personen, warum sie die schweren Schuhe tragen, bekommt man meistens folgende Antwort:"Ich brauche die Dämpfung für meine Gelenke, sonst halte ich den Wettkampf nicht durch". Aber diese Argumentation stimmt nicht, denn je stärker die Dämpfung eines Schuhs, desto mehr Energie geht verloren.

Jahrzehntelang entwickelte die Industrie irgendwelche Dämpfungssysteme in den Schuhen wie Schaum, Luftpolster, Waben usw. Geholfen hat das aber überhaupt nichts, die Verletzungshäufigkeit blieb gleich, die Laufzeiten wurden aber schlechter. Die Läuferinnen und Läufer konnten sich allerdings einfach beim Auftritt in den Schuh fallen lassen, mussten sich dann aber mit umso größerer Kraft wieder abdrücken, was für ein Paradoxon.

Nun haben Wissenschaftler alle biomechanischen bzw. physikalischen Gesetze entdeckt, und bei den Laufschuhen werden sie wieder vergessen, traurig aber wahr.

Es wurde einfach nicht bedacht, dass die Muskulatur über eine Speicherfähigkeit der Auftrittskraft verfügt, und diese beim Abdruck wieder abgibt (kennt jeder aus dem kleinen Gummiball,

auch Flummi genannt, aus der Kindheit, den man auf den Fliesen fallen lässt, und der dann immer wieder springt mit relativ geringem Höhenverlust).

Doch kommen wir zurück zum Schuhgewicht. Das Gewicht am Fuß hat mindestens die 10-fach negative Wirkung wie die gleiche Masse, die am Rücken eines Sportlers fixiert ist. Warum das so ist, erscheint relativ schnell logisch, da der Fuß am Ende des „Hebels" liegt. Der Rumpf, einschließlich Becken, wird nur in der Beschleunigungsphase beschleunigt, und dann auf gleicher Geschwindigkeit gehalten. Die Beine, aber vor allem die Füße, müssen nun bei jedem Schritt wieder angehoben und beschleunigt werden. Damit ist klar, warum sich hier ein höheres Gewicht besonders negativ auswirkt. Die Laufgeschwindigkeit wird geringer, und der Energieverbrauch auf gleicher Strecke wesentlich höher.

Die ungarischen Spieler hatten nun im Regen 800 Gramm Schuhgewicht mehr zu beschleunigen und zu tragen, nach unserer Meinung war dies der Hauptgrund der verlorenen Fußball-Weltmeisterschaft 1954. Diesen Sachverhalt können wir auch empirisch belegen. Bei Zeitmessungen über 20 Meter aus dem Hochstart (ohne Reaktionszeit) ergaben sich hier erhebliche Zeitunterschiede des gleichen Athleten mit diesen unterschiedlichen Schuhgewichten von einmal 700 und 1500 Gramm. Mit den schwereren Schuhen waren die Sportler im Schnitt 0,15 Sekunden langsamer (elektronische Zeitmessung, die wir in der Halle auf Tartanboden vornahmen). Das entspricht etwa einen Unterschied von 1,3 Metern auf dieser kurzen Strecke, hinzu kommt noch der höhere Energieverbrauch mit den schweren Schuhen, der bei 90 Minuten Spieldauer extrem sein muss. Die ungarischen Spieler hatten also gegen Ende des Spiels einen

wesentlich höheren Ermüdungsgrad.

Hinzu kam auch noch, dass Puskas Verletzung noch nicht ganz auskuriert war, und ihm ein Tor wegen Abseits aberkannt wurde.

Fassen wir zusammen: Die Ursache für die Niederlage der Ungaren war der Regen, der Hauptgrund, die hiermit verbundenen schweren Schuhe. Vergessen dürfen wir jedoch auch nicht die Verletzung von Puskas und sein nicht anerkanntes Tor.

Belohnung der deutschen Spieler

Für den Titel erhielt jeder Spieler lediglich 1000 Mark, was heute etwa 10.000 Euro entspricht. Nach langen Verhandlungen zahlte der DFB noch einmal zusätzlich 200 DM pro Einsatz. Darüber hinaus erhielt jeder Spieler der Endspielmannschaft einen Goggomobil-Motorroller der Firma Glas. Zusätzlich bekamen alle Spieler mehrere Fernsehgeräte und Geschenkkörbe. Wir erkennen hier deutlich die Verdienstunterschiede der Fußballspieler von 1954 und der Gegenwart. Stetig sind die Gehälter der Fußball-Profis gestiegen, und haben heute zum Teil nicht gerechtfertigte Summen erreicht.

Aber wir dürfen nicht vergessen, dass es viele Vertrags-Amateure in der Bundesliga gibt, die relativ wenig verdienen, und jederzeit in obere Amateurklassen abrutschen können. Hier müssen sie sich dann mit Gehältern zwischen 500 und 3000 Euro pro Monat abfinden, in der Regionalliga sind auch bis zu 6000 Euro möglich.

Der Fußball-Markt ist ein knallhartes Geschäft, und nur wenige werden hiermit „superreich", aber in den anderen Sportarten ist dies noch extremer. Wer wird z.B. schon durch den Tischtennissport ein Millionär?

Karl Adam wurde am 4. Februar 1924 in Koblenz geboren und verstarb am 9. Juli 1999. Der deutsche Fußballtorwart wurde mit mit dem 1. FC Kaiserslautern 1951 Deutscher Meister und bestritt drei Länderspiele für das deutsche National-Team.

Karl Bögelein wurde am 28. Januar 1927 in Bamberg geboren und verstarb am 9. August 2016. Als Keeper des VfB Stuttgart gewann er 1952 die deutsche Fußballmeisterschaft und 1954 den DFB-Pokal und spielte einmal in der deutschen National-mannschaft.

Heinz Kubsch wurde am 20. Juli 1930 in Essen geboren und verstarb am 24. Oktober 1993. Der Torwart spielte in den Jahren 1954 bis 1956 dreimal für die deutsche Fußballnationalmannschaft und nahm an der Fußball-Weltmeisterschaft 1954 in der Schweiz teil.

Heinrich Kwiatkowski wurde am 16. Juli 1926 in Gelsenkirchen geboren und verstarn am 23. Mai 2008 in Dortmund. Der Torwart spielte vom ersten (14. September 1947) bis zum letzten (11. Mai 1963) Spieltag in der alten erstklassigen Fußball-Oberliga West und hält diese Einsatzliste als Rekordhalter mit insgesamt 409 Einsätzen. Mit Borussia Dortmund holte er in den Jahren 1956, 1957 und 1963 den Gewinn der Deutschen Meisterschaft. Dreimal spielte er in der Nationalmannschaft.

# Herkenrath / Sawitzki / Tilkowski

Fritz Herkenrath wurde am 9. September 1928 in Köln geboren und verstarb am 18. April 2016 in Aachen. Er machte von 1954 bis 1958 21 Länderspiele in der Fußballnationalmannschaft und belegte mit der deutschen Mannschaft bei der Fußball-Weltmeisterschaft 1958 in Schweden immerhin den vierten Rang. Der „fliegender Schulmeister" genannte Herkenrath wurde nach Beendigung seiner aktiven Laufbahn zum Professor an der Sportfakultät der Technischen Hochschule in Aachen berufen und war danach als Studienprofessor an der Universität Düsseldorf tätig.

Günter Sawitzki wurde am 22. November 1932 in Herne geboren und verstarb am 14. Dezember 2020. In der Fußballnationalmannschaft hat er von 1956 bis 1963 in zehn Länderspielen im Kasten gestanden.

Hans Tilkowski wurde am 12. Juli 1935 in Dortmund-Husen geboren und verstarb am 5. Januar 2020.
Am 3. April 1957 wurde Tilkowski erstmals in der A-Nationalmannschaft eingesetzt. Für sie bestritt er von 1957 bis 1967 39 Länderspiele. 1962 gehörte er bei der Fußball-Weltmeisterschaft in Chile zum Kader, wurde aber in keinem Spiel als Torwart eingesetzt. 1966 wurde er mit der Nationalmannschaft in England Vizeweltmeister. 1965 wählte man ihn zum Fußballer des Jahres.

Fritz Ewert / Wolfgang Fahrian

Fritz Ewert wurde am 9. Februar 1937 in Düsseldorf geboren und verstarb am 16. März 1990 in Swisttal-Heime. Als Keeper des 1. FC Köln gewann er 1962 und 1964 zweimal die Deutsche Meisterschaft.

In der A-Nationalmannschaft gab er am 21. Oktober 1959 in Köln beim 7:0-Sieg gegen die Niederlande seinen Einstand und spielte hier genau viermal.

In zwölf Länderspielen saß Ewert auf der Ersatzbank. Einer möglichen Nominierung zur Weltmeisterschaft 1962 sagte er aus beruflichen Gründen ab, da er sich Mitte Mai nach dem Meisterschaftsgewinn 1962 mit dem Betrieb einer Tankstelle selbständig gemacht hatte.

Fritz Ewert verstarb bedauerlicherweise 1990 nach langer, schwerer Krankheit.

Wolfgang Fahrian wurde am 31. Mai 1941 in Klingenstein, heute zu Blaustein geboren und verstarb am 12. April 2022. Bundestrainer Sepp Herberger setzte den Torwart des TSG Ulm 1846 bei der Fußball-Weltmeisterschaft 1962 in Chile in allen vier Spielen der deutschen Mannschaft ein.

Fahrian spielte von 1962 bis 1964 zehnmal für die deutsche Fußballnationalmannschaft.

Witzeecke

Ein Fußballexperte: "In Kolumbien fallen alle Fußballspiele aus".

Sein Kollege fragt: "Warum denn?"

" Die Spieler haben alle Linien weggekokst"

"Herr Doktor, mir wird ständig gelb und rot vor Augen",beklagt sich ein Fußballer.

Der Arzt erwidert: "Vielleicht sollten Sie mal den Schiedsrichter wechseln!"

Es regnet in Strömen. Der Fußballplatz ist abolut überschwemmt. Aber das Spiel muss stattfinden.

Vor dem Anpfiff fragt der Kapitän sein Team: "Sollen wir erst mit der Strömung spielen oder dagegen?"

 # Günter Bernard / Manfred Manglitz

Günter Bernard wurde am 4. November 1939 in Schweinfurt geboren und ist der Sohn des zweifachen Nationalspielers Robert Bernard. In Oberligazeiten spielte er beim 1. FC Schweinfurt 05, in der Bundesliga holte er mit Werder Bremen 1965 die deutsche Meisterschaft. Er war im Aufgebot der deutschen Fußballnationalmannschaft 1966, die den Vize-Weltmeistertitel in England holte.

Manfred Manglitz wurde am 8. März 1940 in Köln geboren. In der Nationalmannschaft wurde er von 1965 bis 1970 mehrmals als Keeper in die Nationalmannschaft berufen. Er nahm an der Fußball-Weltmeisterschaft 1970 in Mexiko teil und belegte mit der deutschen Nationalmannschaft den dritten Platz.

Manglitz, wegen seines vorlauten Mundwerkes auch „Cassius" genannt, war 1971 in den Bundesliga-Skandal verwickelt, als er Kickers Offenbach eindeutige Offerten in Richtung Spielbeeinflussung machte. Horst-Gregorio Canellas, damals der Präsident von Kickers Offenbach, zeichnet das Gespräch mittels eines Tonbandes auf und spielte es am Tag nach der Saison bei einem offiziellen Treffen vor. Manglitz musste nach der Saison 1970/71 zunächst seine Karriere be-enden, da er wegen Bestechlichkeit lebenslang gesperrt wurde. Nach seiner Begnadigung 1974 war er für den FSV Gebäudereiniger Köln als Torwart tätig, bevor er 1975/76 als Torwart des 1. FC Mülheim-Styrum noch einmal in den bezahlten Fußball gelangen konnte und fünf Spiele in der 2. Bundesliga bestritt.

1975 eröffnete er ein Restaurant in Spanien, wo er immer noch lebt (Stand 2023).

# Maier / Groß / Kleff

Josef Dieter „Sepp" Maier wurde am 28. Februar 1944 in Metten, Niederbayern geboren. Er ist mit 706 Pflichtspielen vor Thomas Müller Rekordspieler des FC Bayern München. Für diesen Verein spielte er 17 Jahre lang als Torwart. In seiner aktiven Zeit war er einer der besten Keeper der Welt und trug den Spitznamen „Die Katze von Anzing". Er holte mit seiner Mannschaft alle wichtigen nationalen und internationalen Titel wie Weltmeister, Europameister und Deutscher Meister, Europapokal der Pokalsieger und den der Landesmeister, den Weltpokal und den DFB-Pokal.

Volkmar Groß wurde am 31. Januar 1948 in Berlin geboren und verstarb am 3. Juli 2014.
Sein einziges Länderspiel machte er am 22. November 1970 in Piräus beim 3:1-Sieg gegen die Auswahl Griechenlands.

Wolfgang Kleff wurde am 16. November 1946 in Schwerte geboren. Er holte mit Borussia Mönchengladbach in den Jahren 1970, 1971, 1975, 1976 und 1977 fünf Mal die deutsche Meisterschaft, 1973 den DFB- und 1975 und 1979 den UEFA-Pokal. Sechs Mal war er im Tor der deutschen Nationalmannschaft und war Ersatztorwart beim Gewinn der Europameisterschaft 1972 und der Weltmeisterschaft 1974.

Horst Wolter

Horst „Luffe" Wolter wurde am 8. Juni 1942 in Berlin geboren.

Im Jahr 1952 verließ er mit seinen Eltern die damalige DDR, wohnte danach in Berlin-Charlottenburg und machte eine Lehre als Bäcker in Berlin, deswegen ist auch sein Spitzname „Luffe", wie man in Braunschweig traditionell Brötchen nennt. Nachmittags trainierte er im Fußballsport beim SC Charlottenburg als Rechtsaußen. Durch die intensive körperliche Doppelbelastung spielte er auch manchmal Torwart, da er dort weniger laufen musste. 1959 wechselte er vom Berliner SC Charlottenburg zu Eintracht Braunschweig, zunächst als Rechtsaußen in die Jugendabteilung. Seit 1960 agierte er als Torwart erst in der A-Jugend und dann ab 1961 in der Oberliga Nord, die höchste deutsche Spielklasse vor Einführung der Bundesliga. In der Bundesliga spielte Wolter zwischen 1963 und 1977 als Torwart in 243 Spielen für Eintracht Braunschweig (195) und für Hertha BSC Berlin (48). 1967 wurde er als Stammtorwart mit Eintracht Braunschweig Deutscher Meister.

Insgesamt erhielt Braunschweig im Meisterjahr nur 27 Gegentore und stellte damit einen Bundesliga-Rekord auf. Erst 1988 konnte dieser Rekord von Werder Bremen unter Otto Rehhagel mit dem damaligen Stammtorwart Oliver Reck unterboten werden. 1975 wurde Wolter mit Hertha BSC, wo er dann in den späten achtziger Jahren auch als Manager agierte, erstaunlicherweise Vize-Meister. 1977 verließ er Hertha und war noch eine Saison für den VfL Seesen tätig. Wolter spielte nur 13mal zwischen 1967 und 1970 für die deutsche Fußballnationalmannschaft, weil er immer Ersatztorwart für Sepp Maier war.

Horst Wolter

Mit der Nationalmannschaft belegte er den dritten Platz bei der Fußball-Weltmeisterschaft 1970 in Mexiko. Das 1:0 im Match um Platz drei gegen Uruguay war sein letztes Länderspiel. Er ist daher der einzige deutsche Keeper, der bei einer Weltmeisterschaft ohne Gegentor blieb.

Im Jahr 1971 wurde Wolter wegen seiner Beteiligung an einem Bundesliga-Skandal zu einer Geldstrafe in Höhe von 4400 DM verdonnert. Der Grund dafür waren die Geschehnisse im Abstiegskampf 1971, in dem es Manipulationen gegeben hatte. Insgesamt 16 Braunschweiger Spieler gaben dem DFB gegenüber zu, dass sie im Spiel gegen Oberhausen, welches 1:1 ausging, zwar angeblich keine Manipulation verübt hatten, den Braunschweigern wurde aber von Arminia Bielefeld eine zusätzliche Siegprämie von zunächst 120.000 DM zugesprochen. 100.000 DM wurden vorab ausbezahlt, der Rest nach dem Spiel.

Eine am 15. Mai 1974 zur Fußball-WM in Deutschland erschienene Sondermarke der Deutschen Bundespost zeigt eine Parade Wolters, jedoch etwas abgeändert, da lebende Personen in der Regel nicht auf deutschen Briefmarken abgebildet werden.

Neben der Karriere schloss Horst Wolter eine Ausbildung als Bankkaufmann ab. Von 1986 bis November 1990 war er als Manager von Hertha BSC tätig. Danach arbeitete er als versicherungsmakler. Im Jahr 2000 wurde bei ihm Lymphdrüsenkrebs festgestellt, den er besiegen konnte.

Wolter lebt zur Zeit in Bad Harzburg (Stand 2023). Hier ist er auch Vorsitzender des Wirtschaftsbeirates des Goslarer SC aktiv.

 # Fußball-WM 1974

Fußball-Weltmeisterschaft 1974 in Deutschland

Die Fußball-Weltmeisterschaft 1974 wurde vom 13. Juni bis zum 7. Juli in der **Bundesrepublik Deutschland** ausgespielt.

Der Gastgeber gewann das Turnier mit einem 2:1 Sieg über die Niederlande. **Deutschland wurde nach 1954 zum zweiten Mal Weltmeister.** Gleichzeitig waren die Deutschen auch amtierender Europameister. Diese Konstellation hatte es vorher noch nie gegeben.

Die Spielorte waren Hamburg, Berlin, Hannover, Gelsenkirchen, Dortmund, Düsseldorf, Frankfurt am Main, Stuttgart und natürlich München.

Für die Endrunde der Fußball-Weltmeisterschaft 1974 qualifizierten sich folgende Mannschaften:

Europa:
Schweden, Italien, Niederlande, DDR, Polen, Bulgarien, Jugoslawien, Schottland und der Gastgeber Deutschland

Südamerika:
Uruguay, Argentinien, Chile, Brasilien

Nordamerika:
Haiti (!)

Afrika:
Zaire

Asien / Ozeanien:
Australien

# Fußball-WM 1974

Austragungsmodus

Diese Fußball-Weltmeisterschaft wurde nach einem neuen Modus ausgetragen. Zwar bildeten die 16 Nationen der Endrunde wieder vier Gruppen mit je vier Mannschaften, von denen sich jeweils die ersten beiden für die nächste Runde qualifizierten. Das Turnier wurde aber nicht im K.-o.-System fortgeführt, sondern in zwei Zwischenrunden-Gruppen mit je vier Mannschaften. Die Sieger der zweiten Finalrunde kämpften nun in einem Endspiel um die Weltmeisterschaft, die Zweitplazierten das Spiel um Platz drei.

Glücklicherweise wurde ab 1986 endlich wieder das K.-o.-System nach der Vorrunde eingeführt. Dieses System sorgt für mehr Spannung und Fairness.

Bei Punktgleichheit mehrerer Mannschaften in den Gruppenspielen sollte natürlich zunächst die Tordifferenz und dann die Anzahl der erzielten Treffer über die Platzierung entscheiden. Wäre hier auch noch Gleichstand, hätte in der ersten Finalrunde das Los, in der zweiten Finalrunde zunächst das Ergebnis der ersten Runde, und schließlich ebenfalls das Los über den endgültigen Tabellenstand entschieden.
Einem Unentschieden im Finale sowie im Spiel um den dritten Platz wäre zunächst eine Verlängerung gefolgt, und danach gegebenenfalls ein Elfmeterschießen um Platz 3. Beim Endspiel wäre nach der Verlängerung bei einem Unentschieden neu angesetzt worden. Erst nach einem Unentschieden trotz Verlängerung im zweiten Finale, hätte dann ein Elfmeterschießen die Weltmeisterschaft 1974 entschieden.

# Fußball-WM 1974

Der neue WM-Pokal

Nach dem dritten Titelgewinn der Brasilianer bei der Fußball-Weltmeisterschaft 1970, ging der Weltpokal in den permanenten Besitz der Südamerikaner. Der Weltverband FIFA stiftete nun für die folgenden Weltmeisterschaften den **neuen FIFA-WM-Pokal**. Der bei der Weltmeisterschaft 1974 zum ersten Mal übergebene Pokal besteht aus **massivem 18-karätigen Gold**, ist knapp 38 Zentimeter hoch und wiegt über sechs Kilogramm. Auf der Unterseite werden die Gewinner des Pokals eingraviert. Der Weltpokal bleibt aber ab 1974 stets Eigentum der FIFA, und kann nicht dauerhaft von einem Land gewonnen werden. Der amtierende Weltmeister behielt zunächst den Pokal bis zur nächsten WM und bekam dann eine Nachbildung, die nicht wie das Original aus massivem Gold, sondern lediglich vergoldet war. Gegenwärtig wird der Pokal direkt nach dem Finale an die FIFA zurückgegeben und der Weltmeister erhält im Gegenzug eine Replik.

Die Vorrunde

Gruppe 1

Platz	Land	Sieg	Unentschieden	Niederlage	Tore	Punkte
1.	DDR	2	1	0	4:1	5:1
2.	Deutschland	2	0	1	4:1	4:2
3.	Chile	0	2	1	1:2	2:4
4.	Australien	0	1	2	0:5	1:5

# Fußball-WM 1974

Vollkommen unerwartet wurde die DDR Gruppensieger. Sie gewann zuerst mit 2:0 gegen Australien, und spielte dann 1:1 gegen Chile. Danach kam es zu dem einzigen jemals ausgetragenen A-Länderspiel zwischen der DFB-Elf und der DDR. Das Duell konnte überraschend die DDR mit 1:0 gewinnen. Das Tor erzielte Jürgen Sparwasser, der wohl beste DDR-Spieler aller Zeiten. Das wird er wohl auch aus geschichtlichen Gründen für immer bleiben.

Die relativ schwache Vorstellung des amtierenden Europameisters Bundesrepublik Deutschland widersprach deren Favoritenrolle bei dieser WM.

Dem mühsamen 1:0-Sieg über Chile und nur ein 3:0 Sieg gegen Außenseiter Australien, folgte die historische Niederlage gegen die DDR. Es sollte aber das einzige Spiel bleiben, das die DFB-Elf während dieser WM verlor.

Gruppe 2

Platz Land	Sieg	Unentschieden	Niederlage	Tore	Punkte
1. Jugoslawien	1	2	0	10:1	4:2
2. Brasilien	1	2	0	3:0	4:2
3. Schottland	1	2	0	3:1	4:2
4. Zaire	0	0	3	0:15	0:6

Die Brasilianer enttäuschten auf der ganzen Linie. Der amtierende Weltmeister konnte für Pele keinen gleichwertigen Ersatz finden. Durch zwei Unentschieden und einen Sieg über Zaire konnte Brasilien mit Mühe die zweite Finalrunde erreichen.

Fußball-WM 1974

Gruppe 3

Platz Land	Sieg	Unentschieden	Niederlage	Tore	Punkte
1. Niederlande	2	1	0	6:1	5:1
2. Schweden	1	2	0	3:0	4:2
3. Bulgarien	0	2	1	2:5	2:4
4. Uruguay	0	1	2	1:6	1:5

Die Niederlande waren die einzige Mannschaft, die in der Vorrunde ihrer Favoritenrolle gerecht werden konnte. Nach zwei überzeugenden Siegen gegen Uruguay und Bulgarien sowie einem 0:0 gegen Schweden, galten die Niederländer nach Abschluss der Vorrunde als großer Favorit auf den Weltmeistertitel.

Gruppe 4

Platz Land	Sieg	Unentschieden	Niederlage	Tore	Punkte
1. Polen	3	0	0	12:3	6:0
2. Argentinien	1	1	1	7:5	3:3
3. Italien	1	1	1	5:4	3:3
4. Haiti	0	0	3	2:14	0:6

Polen war in dieser Vorrunde extrem stark. Sie war die einzige Mannschaft, die in der Vorrunde alle Punkte holte. Weiterhin bot sie einen begeisternden Fußball, so dass sie vom Publikum frenetisch gefeiert wurde. Das Spiel des Olympiasiegers von 1972 war in der Spielanlage klar angelegt, und mit so großem Tempo

Fußball-WM 1974

ausgeführt, dass Polen diese Gruppe klar beherrschte und die Konkurrenten Argentinien, Haiti sowie Italien in den Schatten stellte.

Zweite Vorrunde

Gruppe A

Platz	Land	Sieg	Unentschieden	Niederlage	Tore	Punkte
1.	Niederlande	3	0	0	8:0	6:0
2.	Brasilien	2	0	1	3:3	4:2
3.	DDR	0	1	2	1:4	1:5
4.	Argentinien	0	1	2	2:7	1:5

Gruppe B

Platz	Land	Sieg	Unentschieden	Niederlage	Tore	Punkte
1.	Deutschalnd	3	0	0	7:2	6:0
2.	Polen	2	0	1	3:2	4:2
3.	Schweden	1	0	2	4:6	2:4
4.	Jugoslawien	0	0	3	2:6	0:6

Finalrunde

Spiel um Platz 3

6. Juli 1974 in München
Brasilien - Polen 0:1

 # Fußball-WM 1974

Finale

7. Juli 1974 in München
Deutschalnd - Niederlande 2:1

Mannschaftsaufstellung Deutschland:

Sepp Maier	Franz Beckenbauer
Georg Schwarzenbeck	Berti Vogts
Paul Breitner	Rainer Bonhof
Uli Hoeneß	Wolfgang Overath
Jürgen Grabowski	Gerd Müller
Bernd Hölzenbein	Trainer: Helmut Schön

Mannschaftsaufstellung Niederlande

Jan Jongbloed	Arie Haan
Wim Suurbier	Wim Rijsbergen (Ersetzung in der 68. Minute durch Theo de Jong)
Ruud Krol	Wim Jansen
Johan Neskens	Willem van Hanegen
Johnny Rep	Johan Cruyff
Rob Rensenbrink (Ersetzung in der 48. Minute durch Rene van de Kerkhof)	Trainer: Rinus Michels

# Fußball-WM 1974

Finale Deutschland : Niederlande

Der Anfang des Spiels sorgte für Aufsehen, bestätigte aber sofort auch die Favoritenrolle der Niederländer.

Vom Anstoß weg kombinierten die Niederländer über 16 Stationen mit absoluter Perfektion, so dass kein deutscher Spieler dazwischen kam. Die 17. Anspielstation war **Johan Cruyff**, der den Ball im Anstoßkreis bekam, und sich von dort bis zum deutschen Strafraum durchkämpfte. Hier wurde er hart hinter der Strafraumgrenze vom grätschenden Uli Hoeneß zu Fall gebracht. Nach nur 53 Sekunden Spielzeit pfiff der englische Schiedsrichter John Taylor den **ersten Strafstoß in der Geschichte der WM-Endspiele.** Neeskens schoss den Elfmeter „eiskalt" in die Mitte des Tors und ließ dem nach rechts springenden Sepp Maier keine Chance. **Das 1:0 fuer die Niederlande nach 91 Sekunden ist die bis heute früheste Führung in einem WM-Endspiel.** Die bundesdeutsche Mannschaft konnte sich im Folgenden nur langsam von diesem Schock erholen, wurde danach jedoch stärker. Die Niederländer schienen technisch gefälliger und hatten etwas mehr vom Spiel, doch die Deutschen wirkten vor dem Tor gefährlicher. In der 23. Minute wurde Gerd Müller bei einer Spielunterbrechung hinter den Augen des Schiedsrichters beidhändig von hinten durch van Hanegem umgestoßen. Nach Rücksprache mit dem Linienrichter erhielt dieser dafür eine Gelbe Karte.

Nach einer langen Vorlage aus der Mitte der eigenen Hälfte von Overath, trat Hölzenbein in der 25. Minute auf der linken Seite zu einem Sturmlauf in den niederländischen Strafraum an, und wurde von Jansen durch eine Grätsche zu Fall gebracht.

 # Belohnung für den Weltmeistertitel

Den Elfmeter verwandelte Paul Breitner mit einem Schuss in die linke Ecke zum 1:1. Der chancenlose Torhüter Jongbloed blieb dabei stehen.

Die Deutschen waren nach dem Ausgleich überraschend überlegen. Beckenbauer scheiterte jedoch mit einem Freistoß an Jongbloed, auch Vogts und Grabowski vergaben ebenfalls gute Chancen. In der 42. Minute passte Bonhof nach Vorarbeit in die Mitte zu Gerd Müller. Dieser, bedrängt von zwei Niederländern, ließ den Ball zunächst etwas abklatschen, drehte sich um die eigene Achse und erwischte Jongbloed auf dem falschen Fuß. Der Ball kullerte zum 2:1 für Deutschland ins linke Eck.

Die zweite Halbzeit wurde zur Abwehrschlacht für die Deutschen. Doch immer wieder scheiterten die Niederländer an dem überragenden Sepp Maier.

Schließlich kam um 17.47 Uhr der Abpfiff, die **bundesdeutsche Nationalmannschaft wurde zum zweiten Mal nach 1954 Fußball-Weltmeister.**

Belohnung für den Weltmeistertitel

Für den Gewinn des Weltmeistertitels erhielt jeder Spieler 60.000 Mark und einen VW Käfer. Im Vorfeld der Weltmeisterschaft gab es allerdings einen heftigen Streit um diese Prämie. Nachdem bekannt wurde, dass die Italiener für den Gewinn dieser Weltmeisterschaft 120.000 Mark erhalten sollten, verlangten die bundesdeutschen Nationalspieler zunächst 100.000 Mark, später 75000. Der DFB bot 30.000 Mark an. Nachdem es fast zur Abreise einiger deutscher Spieler gekommen war, wurde sich schließlich auf die 60.000 Mark geeinigt.

 # Franke / Nigbur / Kargus / Burdenski

Bernd Franke wurde am 12. Februar 1948 in Bliesen geboren und bestritt sieben Länderspiele für die deutsche National-mannschaft.

Norbert Heinrich Nigbur wurde am 8. Mai 1948 in Gelsenkirchen geboren und spielte unter anderem für den FC Schalke 04 und für Hertha BSC. Sechsmal war er für die deut-sche Nationalmannschaft im Einsatz. Mit Schalke 04 wurde er 1972 Pokalsieger und Vizemeister und bei der Nationalmannschaft war er Ersatzkeeper beim Gewinn der Weltmeisterschaft von 1974.

Rudolf „Rudi" Kargus wurde am 15. August 1952 in Worms geboren. Als Torwart des Hamburger SV holte er 1976 den DFB-Pokal, 1977 den Europapokal der Pokalsieger und 1979 die deutsche Fußballmeisterschaft. Kargus ist bis mindestens Stand 2023 mit insgesamt 23 gehaltenen Strafstößen der „Elfmeterkiller" der Bundesliga-Geschichte und wurde drei-mal in der deutschen Nationalmannschaft eingesetzt.

Dieter Burdenski wurde am 26. November 1950 in Bremen geboren. Er hatte über 16 Jahre bei Werder Bremen einen Vertrag und war 12mal deutscher Nationaltorwart. Er ist heute Ehrenspielführer des SV Werder.
Länderspiele
1971–1973: 7 U23-Länderspiele
1972–1980: 9 B-Länderspiele
1977–1984: 12 A-Länderspiele
Teilnahme an der WM 1978 und EM 1984
und alleine 444 Bundesligaspiele für Werder Bremen

Toni Schumacher

Harald Anton „Toni" Schumacher wurde am 6. März 1954 in Düren geboren. Von 1974 bis 1987 war er Stammtorwart des 1. FC Köln, spielte danach bei FC Schalke 04 und wechselte anschließend für drei Jahre in die Türkei zu Fenerbahçe Istanbul. 1991 half er noch für ein paar Wochen beim FC Bayern München aus, ehe er für diverse Vereine als Torwarttrainer arbeitete. 1996 lief er für Borussia Dortmund im Alter von 42 Jahren noch einmal in der Bundesliga auf. Beim SC Fortuna Köln hatte er von 1998 bis 1999 seinen einzigen Job als Cheftrainer. Von 2012 bis 2019 war Schumacher Vizepräsident des 1. FC Köln und leitete den sportlichen Bereich.Schumacher war in den 1980er Jahren einer der besten Torhüter der Welt. Er holte mit der deutschen Nationalmannschaft die Europameisterschaft und zweimal die Vizeweltmeisterschaft. Zusätzlich wurde er zweimal deutscher, einmal türkischer Meister und gewann dreimal den DFB-Pokal.

1982 sorgte er für einen riesigen Eklat als er Franzosen Patrick Battiston in der Nacht von Sevilla brutal foulte. Bei der WM 1982 in Spanien wurde die Bundesrepublik Deutschland Vizeweltmeister. Im Halbfinale gegen Frankreich, der berühmten „Nacht von Sevilla", ging Toni Schumacher extrem energisch gegen Patrick Battiston vor. Dieses wurde weltweit als brutales, dem Anschein nach als vorsätzliches Foul gesehen, das der Schiedsrichter nicht als solches ahndete. Battiston verlor zwei Zähne, brach sich einen Halswirbel und hatte eine Gehirnerschütterung. Nach der Partie bekam Schumacher mit der Bemerkung, er wolle Battiston seine Jacketkronen bezahlen, heftige Kritik. Von da an bezeichnete ihn Frankreich als Inbegriff des „hässlichen

Deutschen". Zu einem späteren Zeitpunkt konnte Schumacher aber den Satz erklären, die Äußerung sei ein Ausdruck seiner Erleichterung gewesen, da er befürchtet hatte, Battiston könnte im Koma enden. Wortwörtlich hatte Schumacher nämlich geäußert: „Wenn es nur die Jacketkronen sind, die bezahle ich ihm gerne."

Aufgrund der Aufregung wegen der schweren Verletzung Battistons gaben der französische Präsident François Mitterrand und der deutsche Bundeskanzler Helmut Schmidt eine gemeinsame Presseerklärung heraus. Schumacher bat später öffentlich und auch bei Battiston persönlich um Entschuldigung für den extremen Zwischenfall, die der Franzose auch akzeptierte. In einem späteren Interview gab Schumacher bekannt, er habe nicht vorgehabt, Battiston vorsätzlich zu foulen, sondern wollte nur den Ball zu fangen. Er sei damals nicht zu dem verletzten Battiston auf dem Spielfeld hingegangen, da er von aufgebrachten französischen Mitspielern umringt war und er eine Eskalation vermeiden wollte. Später habe er im Übermaß der Gefühle den Satz mit den Jacketkronen gesagt, den er natürlich bereue, wie auch dass er nicht ins Krankenhaus zu Battiston gefahren sei. Im anschließenden Elfmeterschießen dieses turbulenten Spiels hielt Schumacher zwei Strafstöße und trug damit maßgeblich zum Erreichen des Endspiels bei.

Einen Skandal verursachte 1987 auch die Veröffentlichung seines Buches Anpfiff, die das Ende seiner Zeit in Köln und in der Nationalmannschaft einleitete. 1984 und 1986 wurde Schumacher zu Deutschlands Fußballer des Jahres gewählt. Weiterhin ehrte die FIFA ihn mit dem Silbernen Ball zum zweitbesten Spieler der WM 1986.

Eike Immel / Uli Stein

Eike Immel wurde am 27. November 1960 in Erksdorf
(Stadtallendorf) geboren. Der Torhüter war als
Nationalspieler im Kader bei den Weltmeisterschaften 1982
und 1986 und den Europameisterschaften 1980 und 1988. Er
stand 19mal im Tor der deutschen Nationalmannschaft.
Mit dem VFB Stuttgart war er einmal Deutscher Meister, einmal DFB Supercup-Sieger, einmal UEFA-Pokal-Finalist und
zweimal DFH-Hallenpokal-Finalist.

Ulrich „Uli" Stein wurde am 23. Oktober 1954 in Hamburg
geboren. 1976 wurde er als Keeper Profi-Fußballer bei bei
Arminia Bielefeld, danach wechselte er zum Hamburger SV
(1980–1987). Von 1987 bis 1994 agierte er für Eintracht
Frankfurt, ging aber für die Saison 1994/95 noch einmal zum
HSV zurück, nachdem sein Einsatz bei Eintracht Frankfurt am
10. April 1994 vorzeitig endete und er für kurze Zeit
ehrenamtlich als Trainer des 1. FC Langen in der Bezirksliga
Offenbach eingesprungen war.
Ein Jahr darauf spielte er wieder für Arminia Bielefeld in der
2. Bundesliga, erreichte den Aufstieg mit seinem Team und
beendete nach der Saison 1996/97 seine Laufbahn im Profi-
Sport. Im März 2000 holte sich der Oberligist VfL Pinneberg
eine Spielberechtigung für Stein, damit dieser bei Bedarf als
Torwart einspringen konnte. Ende April 2000 stand er für
Pinneberg in einem Oberligaspiel im Tor. In der Saison
2001/02 machte er ein Match für Kickers Emden in der
Oberliga Niedersachsen-Bremen, und 2003/04 zelebrierte
Stein nochmals ein kurzes Comeback in der Oberliga, als er im
Alter von 49 Jahren für drei Spiele beim VfB Fichte Bielefeld
im Kasten stand.

Mit dem HSV holte er den DFB-Pokal 1987 und wurde 1982 und 1983 Deutscher Meister. Einer der Höhepunkte seiner Laufbahn war 1983 der Gewinn des Europapokals der Landesmeister. Mit Eintracht Frankfurt gewann er den DFB-Pokal 1988.

Während seiner Zeit beim Hamburger SV wurde er mit seinem Team dreimal deutscher Vizemeister (1981, 1984 und 1987) und erreichte mit dem Team sowohl das Finale des UEFA-Pokals 1982 als auch das Weltpokal-Finale 1983.

Stein ist mit 42 Jahren 5 Monaten und 19 Tagen der älteste Keeper, der je in der Bundesliga eingesetzt wurde, und nach Klaus Fichtel der zweitälteste überhaupt eingesetzte Spieler.

In der Nationalmannschaft spielte er von 1983 bis 1986 sechsmal und stand 1986 bei der WM in Mexiko im deutschen Aufgebot.

Bei der WM in Mexiko wurde Stein vom DFB-Präsident Hermann Neuberger vorzeitig nach Deutschland zurückgesendet, nachdem ihn Teamchef Franz Beckenbauer bereits zum dritten Torwart zurückgestuft hatte und Stein seinen Rücktritt aus der Nationalmannschaft für die Zeit nach der WM verkündet hatte. Mit anderen Spielern überzog Stein auch noch während des Turniers an einem Abend den Zapfenstreich um etwa drei Stunden, was der DFB nach einer Entschuldigung der betreffenden Spieler aber nicht bestrafte. Wegen Beckenbauers recht hölzern erscheinenden Suppen-Werbespot der 1960er Jahre nannte Stein den Teamchef mannschaftsintern „S.K.", als Abkürzung für „Suppenkasper. Auch soll er die deutsche Mannschaft als "Gurkentruppe bezeichnet haben, worauf er nach Hause fahren konnte.

Eike Immel / Uli Stein

Stein bestritt, den Ausdruck „Gurkentruppe" gesagt zu haben, laut Hamburger Abendblatt verwendeten auch andere Spieler innerhalb der Mannschaft die Bezeichnung „Suppenkasper". Der Ausschluss aus dem WM-Aufgebot war auch das Ende seiner Laufbahn in der Nationalmannschaft. Er kam daher, als einer der erfolgreichsten und besten Keeper seiner Tage, lediglich zu nur sechs Länderspielen in der deutschen Nationalmannschaft.

Stein fiel neben seiner sportlichen Leistung auch durch viele unbeherrschte, provozierende und negative Aktionen auf. Im Dezember 1977 ließ er in einem Match mit Arminia Bielefeld den Ball, der zu ihm zurückgepasst worden war, mit Absicht ins Tor kullern. Auf diese Weise wollte Stein die Wichtigkeit des Torwarts demonstrieren. Im August 1978 ließ er wiederum bewusst ein Tor zu, um damit die Treffsicherheit der gegnerischen Stürmer zu beweisen. In einem Vorbereitungsspiel eines Trainingslagers im französischen Cannes protestierte der damalige HSV-Torhüter im Januar 1982 gegen eine Elfmeterentscheidung des Schiedsrichters, in dem er ihm sein Hinterteil zeigte und den Ball in die Zuschauerränge beförderte. Stein wurde deswegen zeitweilig beurlaubt. Im Februar 1984 sowie im Januar 1985 verweigerte er zunächst, sich nach Elfmeterpfiffen ins Tor zu stellen und musste von den Schiedsrichtern dazu ermahnt werden.
Bei einem Spiel des Hamburger SV beim FC Augsburg in der zweiten Hauptrunde des DFB-Pokals 1986/87 am 24. Oktober 1986 musste Uli Stein nach einem Platzverweis das Feld verlassen, weil er den Schiedsrichter „Wichser" und

und „Arschloch" genannt hatte. Er verabschiedete sich von den Augsburger Fans mit dem Stinkefinger. Die HSV-Vorstand ahndete dies mit einer Geldstrafe in Höhe von 2000 D-Mark.

Vor der Saison 1987/88 wurde der damals für den HSV spielende Stein im Ende Juli 1987 ausgetragenen DFB-Supercup aufgrund eines Fausthiebes gegen den Bayern-Stürmer Jürgen Wegmann nach dessen Gegentor zum 1:2 wiederum mit der Roten Karte bestraft. Daraufhin wurde Stein beurlaubt. Da der als Steins Nachfolger verpflichtete Mladen Pralija nicht so gut war, wurde Stein begnadigt. Stein hatte unter der Leitung des früheren HSV-Torhüters Jürgen Stars weiter trainiert. Im Oktober 1987 befasste sich der HSV-Vorstand mit einer möglichen Wiederaufnahme Steins in die Mannschaft und entschied, dass für Stein doch keine Rückkehr möglich ist. Daraufhin ging er Anfang November zum Bundesligisten Eintracht Frankfurt.

Hier wiederum machte Uli Stein am 1. Spieltag der Saison 1988/89 mit der harten Regeländerung bei „Unsportlichkeiten" Bekanntschaft. Nach dem Gegentor zum 0:1 beim FC Bayern München weigerte er sich, in sein Tor zu gehen. Schiedsrichter Kurt Witke gab ihm dafür die Gelbe und stellte ihn kurze Zeit später, nachdem Stein ihm höhnisch beklatschte, in der 76. Minute mit der Roten Karte vom Feld. Stein bekam vom DFB-Sportgericht eine Geldstrafe von 5000 D-Mark.

Im Jahr 1993 sorgte er mit seinem Buch „Halbzeit", in dem er auch die Weltmeisterschaft 1986 aus seiner Sicht schilderte, für Furore.

Eike Immel / Uli Stein

Sein letztes Profifußballspiel hatte Stein im April 1997 gegen Ende der Saison 1996/97 mit Arminia Bielefeld ausgerechnet gegen den Hamburger SV, bei dem er seine größten Erfolge eingefahren hatte.

2018 scheiterte Stein (wohl vollkommen gerechtfertigt) , vor Gericht, die Veröffentlichung seines Bildes auf Nationalspieler-Sammelkarten zu verbieten (!).

Im April und Juli 2006 ging Stein mit weiteren Ex-Fußballern aus ganz Europa zum PartyPoker.com Football & Poker Legends Cup. Er kam dabei mit dem deutschen Team bis ins Halbfinale und holte den dritten Platz. Außerdem war er kurzzeitig Coach des niedersächsischen Traditionsvereins TuS Celle.

Im März 2007 wurde Uli Stein Torwarttrainer der Fußballnationalmannschaft Nigerias, aber als Berti Vogts sein Cheftraineramt bei der nigerianischen Mannschaft im Februar 2008 beendete, stellte er seinen Job ebenfalls zur Verfügung. Im April 2008 nahm Stein, wieder an der Seite von Berti Vogts, den Torwarttrainer-Job bei der Fußballnationalmannschaft Aserbaidschans an. Er unter-zeichnete einen Vertrag bis Ende 2009, blieb dann aber bis zum Jahr 2014.

Seit 2017 ist Stein Markenbotschafter seines früheren Vereins Eintracht Frankfurt und seit 2010 ist Stein Pate des Kinderhospizes Bethel für unheilbar erkrankte Kinder.

 # Roleder / Illgner / Aumann / Köpke

Helmut Roleder wurde am 9. Oktober 1953 in Freital geboren. Er war 17 Jahre lang Keeper für den VfB Stuttgart und
wurde mit ihm 1984 Deutscher Meister.
Sein einziges A-Länderspiel hatte er am 28. März 1984 in
Hannover beim 2:1-Sieg über die Auswahl der UdSSR.

Bodo Illgner wurde 7. April 1967 in Koblenz geboren. Er
spielte während seiner Karriere als Torhüter beim 1. FC Köln
und bei Real Madrid. Zwischen 1987 und 1994 war er
deutscher Nationaltorwart und bestritt 54 Länderspiele. Mit
der Nationalmannschaft wurde er 1990 Weltmeister.

Raimond Aumann wurde am 12. Oktober 1963 in Augsburg-
geboren. Als Ersatztorwart der A-Nationalmannschaft wurde
er 1990 Weltmeister und bestritt insgesamt vier Länderspiele
für Deutschland. Mit dem FC Bayern München wurde er
sechsmal Deutscher Meister und mit Beşiktaş Istanbul einmal
Türkischer Meister.

Andreas „Andy" Köpke wurde am 12. März 1962 in Kiel geboren. Nach seiner aktiven Zeit als Torhüter war er von Oktober
2004 bis Juli 2021 Torwarttrainer der deutschen
Fußballnationalmannschaft. Seit 2023 ist er Torwarttrainer
der Nationalmannschaft von Südkorea.
Seine größten Erfolge als Keeper waren die Titel bei der EM
1996 (als Stammtorhüter) und bei der WM 1990 hier aber
lediglich als Dritttorhüter. Er bestritt 59 Länderspiele für die
deutsche Nationalmannschaft und holte als Torwarttrainer
mit die Weltmeisterschaft 2014 in Brasilien.

Witzeecke

Der Trainer unterbricht den Fernsehkommentator, "können Sie nicht ein bisschen langsamer sprechen? Meine Spieler können gar so schnell rennen wie Sie sprechen!"

Ein Fan geht zum Ticketschalter und legt einen 500 Euro Schein auf den Tisch.
Darauf sagt die Verkäuferin: "Wollen Sie ein Ticket oder einen Spieler kaufen?"

Messi kommt humpelnd zum Arzt. "Na, haben Sie sich beim Training verletzt?"
 "Nein, mir ist mein Gehaltscheck auf den Fuß gefallen."

Der Pfarrer wundert sich, dass kaum jemand zu seiner Messe gekommen ist. Da bemerkt er auch noch, dass der Organist nicht da ist.
"Aber wer spielt denn jetzt?" fragt er erschrocken den Messdiener.
"Soweit ich weiß, Deutschland gegen Italien."

Nach dem Spiel sagt ein Fußballfan zum anderen: "Also in der zweiten Halbzeit waren unsere Spieler ja noch langsamer als in der ersten."
"Das ist richtig, aber der Trainer soll sie in der Kabine auch ganz schön zur Schnecke gemacht haben."

Fußball-WM 1990

Fußball-Weltmeisterschaft 1990 in Italien

Die **14. WM** fand vom 8. Juni bis zum 8. Juli **1990** zum zweiten Mal nach 1934 in **Italien** statt.

Hier kam es zu einer interessanten Konstellation im Achtelfinale. Die WM-Favoriten Deutschland, Niederlande, Brasilien und Argentinien trafen bereits hier aufeinander. Deutschland setzte sich durch, und kam zum dritten Mal ins Finale. Hier konnte man sich endlich gegen Argentinien durchsetzen, und **die Deutschen** holten ihren **dritten Weltmeister-Titel**.

Zum ersten Mal konnte sich eine europäische Mannschaft im WM-Finale gegen eine südamerikanische durchsetzen.

Zu diesem Zeitpunkt war **Deutschland mit drei „Sternen"** und **drei Vize-Weltmeistertiteln** die erfolgreichste Fußballnation vor Brasilien und Italien mit ebenfalls drei „Sternen".

Vorrunde

Gruppe A

Platz Land	Sieg	Unentschieden	Niederlage	Tore	Punkte
1. Italien	3	3	3	4:0	6:0
2. CSFR	2	0	1	6:3	4:2
3. Österreich	1	0	2	2:3	2:4
4. USA	0	0	3	2:8	0:6

Fußball-WM 1990

Der große Held dieser Gruppe war der fast unbekannte Stürmer Salvatore Schillaci, der gegen Österreich kurz nach seiner Einwechslung das Siegtor erzielte, und später auch gegen die Tschechoslowakei traf.

Gruppe B

Platz Land	Sieg	Unentschieden	Niederlage	Tore	Punkte
1. Kamerun	2	0	1	3:5	4:2
2. Rumänien	1	1	1	4:3	3:3
3. Argentinien	1	1	1	3:2	3:3
4. Sowjetunion	1	0	2	4:4	2:4

Der Titelverteidiger Argentinien schied überraschend als Gruppendritter aus.
Argentinien verlor sein Auftaktspiel gegen Kamerun mit 0:1. Kamerun schaffte mit tollem Fußball als erste afrikanische Nation ein WM-Viertelfinale. Hier scheiterten sie ganz knapp in der Verlängerung mit 2:3 an England. Unvergessen bleibt Kameruns Stürmer Roger Milla, damals bereits 38 Jahre alt, der mit großer Fußball-Kunst überzeugte.

 # Fußball-WM 1990

Gruppe C

Platz Land	Sieg	Unentschieden	Niederlage	Tore	Punkte
1. Brasilien	3	0	0	4:1	6:0
2. Costa Rica	2	0	1	3:2	4:2
3. Schottland	1	0	2	2:3	2:4
4. Schweden	0	0	3	3:6	0:6

Gruppe D

Platz Land	Sieg	Unentschieden	Niederlage	Tore	Punkte
1. Deutschland	2	1	0	10:3	5:1
2. Jugoslawien	2	0	1	6:5	4:2
3. Kolumbien	1	1	1	3:2	3:3
4. V.A. Emirate	0	0	3	2:11	0:6

Die deutsche Nationalmannschaft überzeugte mit einem grandiosen Start beim 4:1-Erfolg gegen den hoch eingeschätzten Gruppengegner Jugoslawien. Vor allem **Lothar Matthäus,** der später als **Weltfußballer des Jahres 1990** ausgezeichnet wurde, zeigte eine großartige Leistung.

 # Fußball-WM 1990

Gruppe E

Platz Land	Sieg	Unentschieden	Niederlage	Tore	Punkte
1. Spanien	2	1	0	5:2	5:1
2. Belgien	2	0	1	6:3	4:2
3. Uruguay	1	1	1	2:3	3:3
4. Südkorea	0	0	3	1:6	0:6

Gruppe F

Platz Land	Sieg	Unentschieden	Niederlage	Tore	Punkte
1. England	1	2	0	2:1	4:2
2. Irland	0	3	0	2:2	3:3
3. Niederlande	0	3	0	2:2	3:3
4. Ägypten	0	2	1	1:2	2:4

Europameister Niederlande war eine einzige Enttäuschung. Insgesamt war die Gruppe ohne jedes „Temperament".

Achtelfinale

Im Achtelfinalspiel zwischen Kamerun und Kolumbien gab es keinen wirklichen Favoriten. In der Verlängerung konnte der eingewechselte Roger Milla die Partie zum 2:0 Endstand für Kamerun entscheiden. Der Fehler lag eindeutig beim kolumbianischen Torhüter Rene Higuita, der bei einem seiner „Ausflüge" den Ball an Milla verlor.
CSFR überrollte Costa Rica klar mit 4:1.

# Fußball-WM 1990

Im Achtelfinalspiel zwischen Brasilien und Argentinien zeigten die Brasilianer einen einzigartigen Fußball, konnten aber keine einzige Chance verwerten. Sie verloren mit 1:0.

Im Spiel Deutschland gegen Niederlande konnten sich die Deutschen für die Halbfinal-Niederlage bei der EM 1988 revanchieren. Die Niederländer enttäuschten, Marco van Basten hatte gegen Jürgen Kohler keine Chance.

Eine riesige Fehlentscheidung war die Rote Karte gegen Rudi Völler, der nichts tat, außer sich von Frank Rijkaard anspucken zu lassen(!). Wenigstens bekam der Niederländer auch die Rote Karte, und die Deutschen gewannen das Spiel schließlich mit 2:1.

Das Spiel Rumänien gegen Irland war ohne Glanz. Die Iren gewannen das Elfmeterschießen mit 5:4.

Die Italiener gewannen 2:0 gegen Uruguay durch die Tore des Ausnahmestürmers Salvatore Schillaci.

Das Spiel Spanien gegen Jugoslawien war ein sehr hart umkämpftes Spiel, mit dem besseren Ende für Jugoslawien. Der Mittelfeld-Star Dragan Stojkovic war mit zwei Treffern der spielentscheidende Mann. Im letzten Achtelfinalspiel der belgischen Mannschaft gegen England erzielte der Engländer David Platt in den letzten Sekunden der Verlängerung das entscheidende Tor zum Viertelfinale.

Viertelfinale

30. Juni 1990 in Florenz
Argentinien – Jugoslawien 3:2 im Elfmeterschießen

30. Juni 1990 in Rom
Irland – Italien 0:1

# Fußball-WM 1990

1. Juli 1990 in Mailand
CSFR – Deutschland 0:1

1. Juli 1990 in Neapel
Kamerun – England 2:3 im Elfmeterschießen

Keines der Achtelfinalspiele konnte wirklich überzeugen, selbst der Sieg der Deutschen war sehr knapp. Franz Beckenbauer war mit seiner Elf absolut unzufrieden.

Halbfinale

3. Juli 1990 in Neapel
Argentinien – Italien 4:3

4. Juli 1990 in Turin
Deutschland – England 4:3 im Elfmeterschießen

Im ersten Halbfinale kassierte Gastgeber und Favorit Italien seinen ersten Gegentreffer im Turnier, und schied im Elfmeterschießen aus. Wieder siegte hier Argentinien.
Auch Deutschland siegte im Elfmeterschießen gegen England mit viel Glück, woraufhin sich Deutschland zum dritten Mal in Folge nach 1982 und 1986 im Finale der Fußball-Weltmeisterschaft befand.

Spiel um Platz drei

7. Juli 1990 in Bari
Italien – England 2:1

In diesem Spiel wurde der Italiener mit sechs Treffern WM-Torschützenkönig.

 # Fußball-WM 1990

8. Juli 1990 in Rom
Argentininen – Deutschland 0:1

Mannschaftsaufstellung Deutschland

Bodo Ilgner	Klaus Augenthaler
Thomas Berthol (73. Minute Stefan Reuter)	Guido Buchwald
Jürgen Kohler	Andreas Brehme
Thomas Häßler	Lothar Matthäus
Pierre Littbarski	Jürgen Klinsmann
Rudi Völler	Teamchef Franz Beckenbauer

Mannschaftsaufstellung Argentinien

Sergio Goycochea	Juan Simon
Roberto Nestor Sensini	Jose Serrizuela
Oscar Ruggeri (46. Minute Pedro Monzon)	Pedro Troglio
Jorge Burruchaga (53. Minute Gabriel Calderon)	Jose Basualdo
Nestor Lorenzo	Gustavo Dezotti
Diego Maradona	Trainer Carlos Bilardo

 # Fußball-WM 1990

Zum ersten Mal wurde ein WM-Finale durch einen Elfmeter entschieden. Ein trauriges Ende des Spiels war die zweite Rote Karte der Partie, die der argentinische Spieler Dezotti nach einer Tätlichkeit an Jürgen Kohler bekam. **Deutschland holte den dritten „Stern",** und Franz Beckenbauer gelang es als zweitem Nationaltrainer nach Mario Zagallo (Brasilien), sowohl als Spieler als auch als Trainer („Teamchef") Weltmeister zu werden.

Die Prämie für jeden Spieler, der an dieser WM teilnahm betrug 64.000 DM.

Weitere Entwicklung der Prämien für die deutsche Nationalmannschaft der Männer bei den Weltmeisterschaften stieg seit dem Jahr 2000 überproportional stark an:

Der DFB finanziert die Prämien durch Prämien der Verbände UEFA und FIFA, so wurden 2012 über 16 Millionen € (!)Prämien für die deutsche Fußballnationalmannschaft bereitgestellt:

8 Millionen Euro Startgeld
1 Millionen Euro pro Gruppensieg
3 Millionen Euro für das Halbfinale
4,5 Millionen Euro für den Vize-Weltmeistertitel
7,5 Millionen Euro für den Weltmeistertitel

Alle diese Prämien gelten unabhängig davon, ob der Spieler auch zum Einsatz kam. Auch kommen weitere Einnahmen aus dem DFB Sponsorenpool.

Oliver Kahn

Oliver Rolf „Oli" Kahn wurde am 15. Juni 1969 in Karlsruhe geboren.

Er startete seine Karriere beim Karlsruher SC, wurde dort Profi und wechselte 1994 zum FC Bayern München, mit dem er in 14 Jahren zahlreiche Titel holte, darunter 2001 die Champions League sowie den Weltpokal. Er wurde dreimal zum IFFHS-Welttorhüter des Jahres gewählt und bekam 2002 als erster und bisher einziger Torhüter den Goldenen Ball für den besten Spieler einer Fußball-Weltmeisterschaft. Von 1995 bis 2006 war er in 86 Länderspielen im Tor der deutschen Nationalmannschaft, wurde mit dem Team 1996 Europameister und 2002 Vizeweltmeister.

Von 2008 bis 2020 war Kahn Fußballexperte beim ZDF, weiterhin agierte er als Unternehmer. 2020 bis 2023 war Kahn Mitglied im Vorstand der FC Bayern München AG. Am 1. Juli 2021 übernahm er die Nachfolge von Karl-Heinz Rummenigge als Vorstandsvorsitzender. Vor dem letzten Spiel der Saison 2022/23 wurde er mit sofortiger Wirkung von seinen Ämtern suspendiert.

Oliver Kahn ist der jüngere Sohn des in Lettland geborenen Deutsch-Balten Rolf Kahn, auch ein ehemaligen Karlsruher Bundesliga-Fußballspieler. Der ältere Bruder von Kahn, Axel, ist ebenfalls ein ehemaliger Karlsruher Profi-Fußballspieler.

Oliver Kahn

Für 4,6 Millionen Deutsche Mark (etwa 2,4 Millionen Euro) wechselte Kahn 1994 als Nachfolger von Raimond Aumann vom Karlsruher SC zum FC Bayern München. So viel war noch nie für einen Bundesliga-Torhüter bezahlt worden. Während seiner Zeit beim FC Bayern holte er mit seinem Team den UEFA-Pokal, acht deutsche Meisterschaften, sechs Ligapokale, sechs DFB-Pokale sowie die UEFA Champions League und den Weltpokal. Den DFB-Pokal konnte nur Bastian Schweinsteiger häufiger als Kahn gewinnen.

Erstmals in die Nationalmannschaft geordert wurde Kahn im Herbst 1993, kam aber nicht zum Einsatz. An der Fußball-Weltmeisterschaft 1994 in den USA nahm er lediglich als dritter Torwart teil.

Seinen Einstand im DFB-Team gab Kahn am 23. Juni 1995 beim 2:1-Sieg in Bern gegen die Schweiz. 1996 wurde er als Ersatztorwart hinter Andreas Köpke Europameister in England. Als zweiter Torwart kam er weiterhin bei der Weltmeisterschaft 1998 in Frankreich ins Aufgebot. Als Köpke nach dem Turnier aus der Nationalmannschaft ausstieg, wurde Kahn der neue Stammtorwart.

Mit der Nationalmannschaft konnte Kahn Erfolge erzielen, z.B. bei der Weltmeisterschaft 2002 in Japan und Südkorea, bei der er durch seine Leistung maßgeblich zum Erreichen des Finales mithalf und mit dem Goldenen Ball als bester WM-Spieler belohnt wurde. Im Endspiel gegen Brasilien allerdings wehrte er einen Schuss von Rivaldo direkt vor den Fuß Ronaldos ab, der zum 1:0 traf.

Oliver Kahn

Im Vorfeld der Weltmeisterschaft 2006 im eigenen Land kämpfte Kahn mit Jens Lehmann um den Posten des Stammtorhüters. Bundestrainer Jürgen Klinsmann hatte seit August 2004 darauf verzichtet, den Keeper frühzeitig bekanntzugeben. Die Folge war, dass sich die beiden Torhüter über eineinhalb Jahre einen Zweikampf um den Stammplatz im deutschen Tor lieferten.

Am 7. April 2006 wurde der Konkurrenzkampf für Lehmann gewertet. Am 10. April 2006 gab Kahn auf einer Pressekonferenz bekannt, dass er bei der Weltmeisterschaft 2006 als zweiter Torhüter vorhanden sein werde. Beim Spiel um den dritten Platz, das mit 3:1 gegen Portugal gewonnen wurde, war Kahn tatsächlich noch einmal im Kasten der Nationalmannschaft, woraufhin er nach 86 Länderspielen seinen Rücktritt aus der Nationalelf erklärte.

Oliver Reck / Hans Jörg Butt

Oliver Reck wurde am 27. Februar 1965 in Frankfurt am Main geboren und ist ein ehemaliger Keeper und heutiger Fußballtrainer.

1988 nahm er mit der deutschen Olympiamannschaft an den Olympischen Spielen in Seoul teil, wurde aber nicht eingesetzt. Die Mannschaft holte die Bronzemedaille.

In der Nationalmannschaft agierte er das einzige Mal am 4. Juni 1996 beim 9:1-Erfolg gegen Liechtenstein. Im gleichen Jahr wurde er mit dem deutschen Nationalteam Fußballeuropameister in England, wurde selbst aber nicht eingesetzt.

Hans Jörg Butt wurde am 28. Mai 1974 in Oldenburg geboren. Während seiner Profi-Karriere von 1993 bis 2012 spielte er insgesamt in 387 Spielen in der Bundesliga für den Hamburger SV, Bayer 04 Leverkusen und den FC Bayern München, weiterhin in der Saison 2007/08 ein Jahr für Benfica Lissabon. Mit 26 Treffern, die er alle mit dem Strafstoß erzielte, ist er der erfolgreichste Torschütze der Bundesliga auf der Position des Torwartes. Mit dem FC Bayern München holte er als Stammtorhüter in der Saison 2009/10 die Meisterschaft sowie den DFB-Pokal. Weiterhin erreichte er mit Bayer 04 Leverkusen und den Münchnern insgesamt dreimal das Finale der Champions League.

Für die Nationalmannschaft spielte er zwischen 2000 und 2010 viermal. Hierbei nahm er ebenfalls an der EM 2000 in Belgien und den Niederlanden wie auch an den Weltmeisterschaften 2002 in Japan und Südkorea und 2010 in Südafrika als Ersatztorwart teil. 2002 wurde er mit dem Team Vizeweltmeister, 2010 erreichte es den dritten Platz.

# Jens Lehmann

Jens Gerhard Lehmann wurde am 10. November 1969 in Essen geboren und bestritt 61 Länderspiele für die deutsche Nationalmannschaft.

Er startete seine Profikarriere 1989 beim FC Schalke 04 in der 2. Bundesliga und stieg 1991 mit der Mannschaft in die 1. Bundesliga auf. Ein Jahr nach dem Gewinn des UEFA-Pokals 1997 ging er von Schalke 04 weg und wechselte nach Italien zum AC Mailand. Dort verlor er nach kurzer Zeit seine Stammposition und wechselte schon in der anschließenden Winterpause zu Borussia Dortmund.

2002 holte er mit Dortmund die deutsche Meisterschaft, bevor er 2003 nach England zum FC Arsenal ging, mit dem er in seiner ersten Saison die Premier League gewann. Wegen seiner hervorragenden Leistungen in seinen ersten drei Jahren in England gelang ihm auch der Schritt zum Stamm-torhüter der deutschen Nationalmannschaft vor Beginn der Weltmeisterschaft 2006 in Deutschland. Auch bei der Europameisterschaft 2008 in Österreich und der Schweiz war er im deutschen Kasten. Nach Ablauf des regulären Vertrags in London im Sommer 2008 ging Lehmann zum VfB Stuttgart, bei dem er bis zum Ende der Saison 2009/10 als Keeper spiel-te. Obwohl er 2010 seine aktive Karriere eigentlich beendet hatte, kehrte Lehmann im März 2011 bis zum Ende der Saison zum FC Arsenal zurück.

Rost / Hildebrand / Adler / Wiese

Frank Rost wurde am 30. Juni 1973 in Karl-Marx-Stadt geboren und spielte zunächst in der DDR als Torwart, danach für Werder Bremen, FC Schalke 04, Hamburger SV und zum Schluss für die New York Red Bulls. Für die deutsche Nationalmannschaft bestritt Frank Rost vier Länderspiele.

Der Keeper Timo Hildebrand wurde am 5. April 1979 in Worms geboren. Er wurde mit dem VfB Stuttgart 2007 Deutscher Meister und spielte 7mal für die deutsche Nationalmannschaft. Zuletzt war er bei Eintracht Frankfurt unter Vertrag.

René Adler wurde am 15. Januar 1985 in Leipzig (DDR) geboren. Er war als Torwart in der Bundesliga für Bayer 04 Leverkusen, den Hamburger SV und den 1. FSV Mainz 05 tätig. Für die deutsche Nationalmannschaft stand er zwischen 2008 und 2013 zwölfmal im Kasten und nahm mit dem DFB-Team als Ersatztorhüter an der EM 2008 in Österreich und der Schweiz teil.

Tim Wiese wurde am 17. Dezember 1981 in Bergisch Gladbach geboren. Mit seinem langjährigen Verein Werder Bremen, für den er zwischen 2005 und 2012 spielte, holte er 2009 den DFB-Pokal. 2013 endete seine Profikarriere abrupt bei der TSG 1899 Hoffenheim, bei der er nach weniger als einem Jahr suspendiert wurde. Mit der Nationalmannschaft nahm Wiese an der Weltmeisterschaft 2010 und an der Europameisterschaft 2012 teil und spielte siebenmal für die deutsche Nationalmannschaft.

 # Fußball-WM 2014

Fußball-Weltmeisterschaft 2014 in Brasilien

Diese WM in Brasilien fand vom 12. Juni bis zum 13. Juli **2014 in Brasilien** statt. **Deutschland wurde zum vierten Mal Weltmeister** (!), Argentinien Vize-Weltmeister. Mit 171 Toren wurde bei dieser WM der **Torrekord** bei Endrunden mit 32 Mannschaften aus dem Jahr 1998 eingestellt. Die meisten Tore erzielte Deutschland mit 18 Treffern.

Torschützenkönig wurde James Rodruigez mit 6 Treffern aus Kolumbien, Platz 2 belegte Thomas Müller (Deutschland) mit 5 Toren, Platz 3 ging an Neymar aus Brasilien mit vier Treffern und Platz 4 an Messi mit ebenfalls vier Toren.

Lionel Messi wurde gleichzeitig auch zum besten Spieler des Turniers gewählt, was wohl auch kaum ein aufmerksamer Beobachter dieser WM bezweifeln wird.

Finale

13. Juli 2014 16.00 Uhr Rio de Janeiro
Deutschland – Argentinien
Mannschaftsaufstellung Deutschland

Manuel Neuer	Philipp Lahm
Jerome Boateng	Mats Hummels
Benedikt Höwedes	Christoph Kramer (31. Minute Andre Schürle)
Bastian Schweinsteiger	Thomas Müller
Toni Kroos	Mesut Özil (120. Minute Per Mertesacker)
Miroslav Klose (88. Minute Mario Götze)	Trainer: Joachim Löw

Fußball-WM 2014

Mannschaftsaufstellung Argentinien

Sergio Romero

Martin Demichelis

Enzo Perez (86. Minute
Fernando Gago)

Lucas Biglia

Lionel Messi

Pablo Zabaleta

Ezequiel Garay

Javier Mascherano

Ezequiel Lavezzi (46.
Minute Sergio Agüero)

Gonzalo Higuain (78.
Minute Rodrigo Palacio)

Zum dritten Mal begegneten sich Deutschland und Argentinien in einem WM-Finale. Deutschland war leicht favorisiert. Es war von Anfang an leicht überlegen, hatten mehr Ballbesitz und die größeren Torchancen. Aber die Argentinier verteidigten verbissen, und konterten immer wieder gefährlich.

Eine einmalige Chance vergab Gonzalo Higuain in der 20. Minute nach einem Rückpassfehler von Toni Kroos. Nur zehn Minuten später gab der Schiri einen Abseitstreffer von Higuain nicht. Weitere 10 Minuten später klärte Boateng einen Schuss von Messi auf der Torlinie, Manuel Neuer war bereits geschlagen. Darauf traf Benedikt Höwedes mit einem Kopfball nur den Pfosten des argentinischen Tores.

In der 97. Minute hatte Palacio eine gute Torchance, scheiterte aber mit einem Lupfer frei vor Manuel Neuer.

Nun neigten sich die Kräfte der argentinischen Verteidigung dem Ende zu. Sieben Minuten vor dem Ende der Verlängerung kontrollierte **Götze** im vollen Lauf eine von links kommende Flanke von Schürrle mit der Brust und erzielte mit dem linken Fuß das **Siegtor**.

Robert Enke

Robert Enke wurde am 24. August 1977 in Jena geboren und verstarb am 10. November 2009 in Neustad.

Robert Enke kam aus einer sportbegeisterten Familie. Sein Vater war ein 400-Meter-Hürdenläufer und seine Mutter spielte Handball. Enke plante zwar einen Studiengang, entschied sich aber schließlich für eine Karriere im Profifußball.

Robert Enke war mit Teresa Enke verheiratet. Ihre leibliche Tochter Lara verstarb mit zwei Jahren an einem angeborenen Herzfehler, 2009 adoptierte das Ehepaar ein zwei Monate altes Mädchen. 1995 stand er im Kader des Zweitligisten Carl Zeiss Jena und kam als Ersatzkeeper unter Trainer Eberhard Vogel zu drei Einsätzen. In seinem ersten Spiel als Profi im November 1995 stand er gegen seinen späteren Klub Hannover 96 im Kasten. Zur Saison 1996/97 ging Robert Enke Enke zu Borussia Mönchengladbach in die 1, Bundesliga. Hier war er zuerst zwei Jahre auf der Ersatzbank, bis er 1998/99 unter Friedel Rausch Stammtorwart wurde. Enke war ein sehr guter Torhüter, konnte aber den Abstieg der Borussia in die 2. Bundesliga nicht verhindern.

Im Sommer 1999 ging er nach Portugal zu Benfica Lissabon. Unter dem deutschen Trainer Jupp Heynckes wurde er zum hervorragenden Torwart und Mannschaftskapitän. 2002 wechselte Enke in die Primera División zum FC Barcelona. Unter Trainer Louis van Gaal erlitt er eine Formschwäche. Enke wurde nur in einem Pokalspiel, in zwei Champions-League-Spielen und in einem Ligaspiel aktiv eingesetzt. Ein Ausleihgeschäft 2003 mit dem türkischen Verein Fenerbahçe Istanbu wurde zu einem Debakel. Das erste Spiel mit Enke gwurde verloren. Daraufhin kündigte er seinen

Robert Enke

Vertrag. 2004 brachte er beim Zweitligisten CD Teneriffa wieder sehr gute Leistungen.

Im Sommer 2004 kehrte Enke in die Bundesliga zu Hannover 96 zurück, hier verlängerte er seinen Profivertrag sogar bis 2010 und zählte zu den absoluten Leistungsträgern dieser Mannschaft.

Von 1997 bis 1999 machte Enke 15 Spiele für die deutsche U21-Nationalmannschaft. 1999 wurde er von Trainer Erich Ribbeck zum ersten Mal in die A-Nationalmannschaft nominiert und flog mit zum Konföderationen-Pokal in Mexiko, wo er jedoch nicht aktiv eingesetzt wurde.

2007 erhielt er sein Länderspieldebüt in einem Freundschaftsspiel gegen Dänemark unter Bundestrainer Joachim Löw. In der Hierarchie der Torleute stand er im folgenden Jahr hinter Jens Lehmann und auf gleicher Position mit Timo Hildebrand. An der EM 2008 nahm er hinter Lehmann aber vor René Adler als offizielle Nummer zwei im deutschen Kasten teil.

Nach der EM und dem Rücktritt Lehmanns war Enke einer der Anwärter als Stammtorhüter für die Nationalmannschaft. Er befand sich aber im Konkurrenzkampf mit René Adler, Tim Wiese und Manuel Neuer. Sein erstes Pflichtspiel hatte er am 6. September 2008 in der WM-Qualifikation gegen Liechtenstein. Aber wegen einer Verletzung kehrte Enke erst Ende März 2009 für das Rückspiel gegen Liechtenstein in die Nationalmannschaft zurück. Insgesamt war er in fünf von elf Spielen der Nationalmannschaft in der Saison 2008/09 im Tor. Sein letztes Länderspiel war das WM-Qualifikationsspiel gegen Aserbaidschan am 12. August 2009, hier gewannen sie 2:0. Achtmal wurde Enke im Nationalteam eingesetzt.

Am 10. November 2009 schied Enke freiwillig im Alter von 32 Jahren an einem Bahnübergang im niedersächsischen Neustadt am Rübenberge-Eilvese, unweit seines Wohnorts Empede, durch Schienensuizid aus dem Leben. In einer Pressekonferenz sagte man, dass er seit 2003 wegen Depressionen in psychiatrischer Therapie war. In Robert Enkes Abschiedsbrief bat er Angehörige und Ärzte um Verzeihung.

Sein Suizid führte wohl bundesweit zu großer Trauer und Bestürzung. In der Marktkirche zu Hannover war am 11. November eine Trauerandacht. Am 15. November hielt man eine Gedenkfeier in der AWD-Arena in Hannover ab. Christian Wulff, Martin Kind, Theo Zwanziger, Stephan Weil und der katholische Pfarrer Heinrich Plochg sprachen herzergreifende Worte an die rund 40.000 Trauergäste. Der Sarg Enkes befand sich im Mittelkreis des Stadions. Die Beerdigung selbst fand im engsten Familienkreis statt.

Kurze Zeit nach Enkes Tod, am 20. November 2009, ließ der Fußballprofi Andreas Biermann in einer Pressekonferenz verlauten, dass er einen Suizidversuch unternommen hatte und sich wegen Depressionen in Therapie befinde. Der Tod von Robert Enke habe ihn zu dieser Bekanntgabe motiviert. Am 18. Juli 2014 beging Biermann dann aber doch Suizid.

Manuel Neuer

Manuel Peter Neuer wurde am 27. März 1986 in Gelsenkirchen geboren. In der Jugend spielte er beim FC Schalke 04, zu dessen erster Mannschaft er 2005 vorstieß. 2011 gewann er mit Schalke 04 den DFB-Pokal. Seit 2011 spielt er für den FC Bayern München, mit dem er 2013 das Triple aus deutscher Fußballmeisterschaft, DFB-Pokal und UEFA Champions League und 2020 das Sextuple bestehend aus deutscher Fußballmeisterschaft, DFB-Pokal, UEFA Champions League, DFL-Supercup, UEFA-Super-Cup und FIFA-Klub-Weltmeisterschaft holte. Mit dem deutschen National-Team wurde er 2014 in Brasilien Weltmeister. Er war 2016 bis 2023 Spielführer der Nationalmannschaft und ist seit 2017 Mannschaftskapitän des FC Bayern München.

Neuer ist einer der besten Torhüter aller Zeiten. Vor allem seine offensiven Feldspielerqualitäten als Torhüter wird als extreme Weiterentwicklung angesehen. Neuer wurde von der IFFHS zum Welttorwart des Jahrzehnts 2011–2020 sowie in den Jahren 2013, 2014, 2015, 2016 und 2020 als Welttorwart des Jahres ausgezeichnet, wodurch er mit Gianluigi Buffon und Iker Casillas der Rekordhalter ist. Er war auch 2020 FIFA-Welttorhüter des Jahres und bisher zweimal Deutschlands Fußballer des Jahres.
Manuel Neuer hat bisher über 100 Länderspiele bestritten.

Ron-Robert Zieler wurde am 12. Februar 1989 in Köln geboren und steht bei Hannover 96 unter Vertrag (Stand 2023). Bei der Weltmeisterschaft 2014 in Brasilien wurde er als zweiter Ersatztorwart mit der Nationalmannschaft Weltmeister und hatte sechs Länderspiele für Deutschland bisher.

Marc-André ter Stegen hören wurde am 30. April 1992 in Mönchengladbach geboren. Er steht seit 2014 beim FC Barcelona unter Vertrag und spielte 38mal für die deutsche Nationalmannschaft (Stand 2023).

Roman Weidenfeller wurde am 6. August 1980 in Diez geboren. Der Keeper stand 16 Jahre lang bei Borussia Dortmund unter Vertrag und wurde 2014 mit der Nationalmannschaft in Brasilien Weltmeister. Er bestritt bisher 5 Länderspiele (Stand 2023).

Bernd Leno wurde am 4. März 1992 in Bietigheim-Bissingen geboren. Er steht seit der Saison 2022/23 beim FC Fulham unter Vertrag und spielte bisher 9mal für die deutsche Nationalmannschaft.

Kevin Christian Trapp wurde am 8. Juli 1990 in Merzig geboren. In der Jugend spielte er beim 1. FC Kaiserslautern und wechselte 2012 zu Eintracht Frankfurt. Nach drei erfolgreichen Jahren bei Paris Saint-Germain spielt er seit 2018 wieder bei der Eintracht, mit der er 2022 die Europa League gewann. Trapp spielte neunmal für die deutsche Nationalmannschaft (Stand 2023) mit der er 2017 den FIFA-Konföderationen-Pokal gewann.

 # Höchsten Gehälter und Transfers

Trotz seines relativ hohen Alters war Cristiano Ronaldo mit Abstand der bestbezahlteste Fußballer der Welt. Die Einnahmen aus Gehalt, Geldern außerhalb seines Spielervertrages usw. lagen im Jahr 2023 bei insgesamt 275 Millionen US-Dollar. Auf ihn folgte Lionel Messi mit etwa 65 Millionen US-Dollar. Danach kommen Neymar und Kylian Mbappé unter die Top-Verdiener im Weltfußball mit ähnlichem Gehalt.

Der bisher teuerste Transfer im Fußball lag bei Neymar vor. Stolze 222 Millionen Euro betrug die Höhe der Ablösesumme, als der Brasilianer 2017/2018 vom FC Barcelona zu Paris Saint-Germain ging. Diese Summe ist bis heute die mit Abstand höchste Summe, die von einem Fußballverein gezahlt wurde. Mit einem großen Abstand folgen Kylian Mbappé mit 180 Millionen Euro und Philippe Coutinho und Ousmane Dembelé mit etwa 135 Millionen Euro.

Wir sollten uns allerdings nicht wundern, wenn eines Tages Gehälter und Transfers im Fußball auf Summen zwischen 500- und 1000 Millionen Euro auftauchen werden. Das Großkapital liegt in immer wenigen Händen, die dann immer großzügiger in "Spielereien" investieren können. Für Billionäre ist es dann ein leichtes Unterfangen sich Mannschaften für Milliarden zu verschaffen. Jeder kann sich hierzu im Stillen seine Meinung dazu machen.

 # Literaturverzeichnis

Wilfried Gerhardt: Fußball-Jahrbuch 1961. Limpert-Verlag, Frankfurt 1960, 28. Jahrgang: Berichte von/über Nationaltorwart Fritz Baumgarten (1908)

Lorenz Knieriem, Hardy Grüne: Spielerlexikon 1890–1963. In: Enzyklopädie des deutschen Ligafußballs. Band 8. AGON, Kassel 2006, ISBN 3-89784-148-7

Jürgen Bitter: Deutschlands Fußball-Nationalspieler : das Lexikon. SVB Sportverlag, Berlin 1997, ISBN 3-328-00749-0

Werner Raupp: Toni Turek – „Fußballgott". Eine Biographie. Arete Verlag, Hildesheim 2019, ISBN 978-3-96423-008-9

Schnepper, W.: Könige des Fußballs, BOD, 2017